KB166835

Discovering the Origins of the Words in K-POP

100
Korean Idioms & Slang

Hyun Hee · Nielbock-Yoon Jaewon

DARAKWON

머리말

어떤 언어이든 그 언어의 관용어와 유행어를 잘 안다면 그 언어로 된 문학·음악·영화 같은 문화 콘텐츠를 더 자유롭게 즐길 수 있습니다. 또한 일상생활에서 자연스럽고 유창하게 소통하는 데에도 도움이 될 뿐만 아니라 사회적 규범이나 가치 등 문화 전반에 관한 통찰력도 생기죠.

100 Korean Idioms & Slang은 중급 이상의 한국어 학습자들이 K-Pop 노래 가사 속에 숨겨진 한국어 관용어, 사자성어, 유행어를 배울 수 있도록 기획하였습니다. 한국인들이 자주 듣고 부르는 노래에 많이 쓰이는 표현을 익힘으로써 다양한 한국어 표현을 습득하여 구사할 수 있을 뿐만 아니라, 한국 문화를 보다 깊이 이해하도록 하였습니다.

관용어, 사자성어, 그리고 유행어는 문자만 봐서는 그 의미를 제대로 이해하기 어려운 경우가 많습니다. 그래서 생동감 넘치는 삽화를 통해 의미를 직관적으로 이해하고, 본격적인 학습에 앞서 퀴즈를 풀어 봄으로써 표현의 의미와 활용을 추측 해 볼 수 있도록 하였습니다. 이어서 해당 표현의 유래와 의미를 익히고, 예문을 통해 표현이 사용되는 맥락을 파악해 학습자들이 실제로 활용해 볼 수 있게 했습니다. 전문 성우가 녹음한 생생한 음성을 반복해서 들으면서 자연스러운 한국어 억양까지 완벽하게 익힐 수 있을 것입니다. 마지막으로 각 표현이 쓰인 K-Pop 곡들을 수록하여, 학습한 표현이 사용된 노래 가사를 학습자들이 직접 검색해 볼 수 있도록 하였습니다.

이 책의 집필에는 한국어 학습과 K-Pop에 커다란 애정을 가진 8명의 학생이 많은 도움을 주었습니다. 학습자의 눈높이에서 통통 튀는 아이디어를 열정적으로 제시해 준 덕분에 무사히 책을 완성할 수 있었습니다. 쉽지 않은 여정에 끝까지 최선을 다해 준 8명의 학생들에게 깊이 감사드립니다. 더불어 책의 시작부터 끝까지 꼼꼼하게 내용을 살펴봐 주시고 방향을 제시해 주신 다락원 한국어출판부 편집진께도 진심 어린 감사의 인사를 전합니다.

K-Pop을 사랑하는 분들, 자연스러운 한국어 표현을 익히고 싶은 한국어 학습자와 한국 문화에 흠뻑 빠져들고자 하는 많은 분들에게 이 책이 길잡이가 되어 한국어 학습 의지를 높이고 한국 문화의 매력을 전세계에 널리 알려 주기를 바랍니다.

저자 일동

Preface

Whatever the language, if you know idioms and slang well, you can more freely enjoy cultural content such as literature, music, and movies. Idioms and slang not only help you communicate naturally and fluently in everyday life, but also provide insight into an overall culture, including its social norms and values.

100 Korean Idioms & Slang is designed to help Korean language learners at the intermediate level or higher learn Korean idioms, four-character idioms, and slang hidden in the lyrics of K-Pop songs. By learning expressions that Koreans often use in the songs that they frequently listen to and sing, you can not only acquire and learn to use a variety of Korean expressions, but also understand Korean culture more deeply.

It can often be difficult to properly understand the meaning of idioms, four-character idioms, and slang just by looking at them. That's why we make it possible for learners to intuitively understand these expressions through vivid illustrations, and then guess their precise meaning and usage by solving simple quizzes before starting full-scale learning. Next, we help readers learn the meaning and origin of each expression, and identify the context in which they are used through example sentences so that learners can actually use them. You'll be able to perfectly learn natural Korean intonation by repeatedly listening to vivid voices recorded by professional voice actors. Lastly, we include a list of K-Pop songs that use each expression so that learners can directly search for song lyrics that use the expressions they've learned.

This book was written with a lot of help from eight students who have a great love of Korean language learning and K-Pop. We were able to successfully complete the book thanks to their passionate presentation of bright ideas from a learner's perspective. We are deeply grateful to these eight students, who did their best right up through the end of this difficult journey. In addition, we would like to express our sincere gratitude to the editors of the Darakwon Korean Book Publishing Department, who provided direction and carefully reviewed the contents of the book from beginning to end.

For those who love K-Pop, Korean language learners who want to learn natural Korean expressions, and the many people who want to immerse themselves in Korean culture, we hope this book will serve as a guide to expand their willingness to learn Korean and spread the charms of Korean culture.

The Authors

일러두기

100 Korean Idioms & Slang은 총 3개의 파트로 구성된 책으로 Part 1은 관용어, Part 2는 사자성어, Part 3는 유행어로 구분하여 외국인 학습자들에게 잘 알려진 K-Pop 노래 속에 사용된 한국어의 관용 표현 100개를 소개하고 있다.

도입
학습할 표현과 어울리는 재미 있는 그림으로 표현의 의미를 유추해 보도록 합니다.

QR 코드
학습할 표현과 해당 표현의 예문과 대화문을 전문 성우의 생생한 음성으로 QR 코드를 통해 확인할 수 있습니다.

Quiz!?
간단한 Quiz를 통해 표현의 의미와 그 활용을 유추하고 확인해 봅니다.

16 뒷구멍으로 호박씨를 까다
To shell pumpkin seeds with your behind

Track 016

Quiz !?

1. '뒷구멍으로 호박씨를 까다'의 뜻은 무엇일까요?
   What is the meaning of "뒷구멍으로 호박씨를 까다"?

   ⓐ 몸 상태가 좋지 않다
   ⓑ 목숨을 건 경쟁을 하다
   ⓒ 안 그런 척 내숭을 떨면서 나쁜 짓을 하다

2. '뒷구멍으로' 하는 행동은 어떤 의미를 가질까요?
   What does it mean for an action to be performed with your behind?

   ⓐ 아무도 모르게 하다
   ⓑ 많은 사람 앞에서 하다
   ⓒ 친한 사람 앞에서만 하다

44

Meaning & Origin

표현의 의미와 유래가 담긴 자세한
설명을 통해 학습자들이 표현을 제대로
이해하고 사용할 수 있습니다.

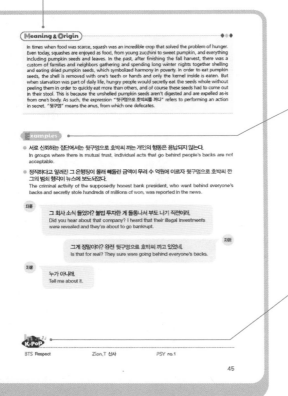

Meaning & Origin

In times when food was scarce, squash was an incredible crop that solved the problem of hunger. Even today, squashes are enjoyed as food, from young zucchini to sweet pumpkin, and everything including pumpkin seeds and leaves. In the past, after finishing the fall harvest, there was a custom of families and neighbors gathering and spending long winter nights together shelling and eating dried pumpkin seeds, which symbolized harmony in poverty. In order to eat pumpkin seeds, the shell is removed with one's teeth or hands and only the kernel inside is eaten. But when starvation was part of daily life, hungry people would secretly eat the seeds whole without peeling them in order to quickly eat more than others, and of course these seeds had to come out in their stool. This is because the unshelled pumpkin seeds aren't digested and are expelled as-is from one's body. As such, the expression "뒷구멍으로 호박씨를 까다" refers to performing an action in secret. "뒷구멍" means the anus, from which one defecates.

Examples

◉ 서로 신뢰하는 집단에서는 뒷구멍으로 호박씨 까는 개인의 행동은 용납되지 않는다.
In groups where there is mutual trust, individual acts that go behind people's backs are not acceptable.

◉ 정직하다고 알려진 그 은행장이 몰래 빼돌린 금액이 무려 수 억원에 이르자 뒷구멍으로 호박씨 깐 그의 범죄 행각이 뉴스에 보도되었다.
The criminal activity of the supposedly honest bank president, who went behind everyone's backs and secretly stole hundreds of millions of won, was reported in the news.

지훈
그 회사 소식 들었어? 불법 투자한 게 들통나서 부도 나기 직전이래.
Did you hear about that company? I heard that their illegal investments were revealed and they're about to go bankrupt.

지아
그게 정말이야? 완전 뒷구멍으로 호박씨 끼고 있었네.
Is that for real? They sure were going behind everyone's backs.

지훈
누가 아니래.
Tell me about it.

K-Pop

BTS Respect   Zion.T 신사   PSY no.1

45

Examples

서술형 예문과 대화문을 통해
표현이 쓰이는 상황과 맥락을
보여 줍니다.
음원을 듣고 표현의 어감과
억양도 함께 익힐 수 있습니다.

In K-Pop

K-Pop 노래들 중에
해당 표현이 사용된 곡들을
소개함으로써, K-Pop
노래 가사를 잘 이해할 수
있도록 합니다.

 부록

Quiz의 정답과 Meaning & Origin의 한국어 번역문, 가수별
K-Pop 색인과 표현의 가나다 순 색인이 수록되어 있습니다.

How to Use This Book

"100 Korean Idioms & Slang" is a book composed of three parts: Part 1 Idioms, Part 2 Four-Character Idioms, and Part 3 Slang. It introduces 100 Korean idiomatic expressions used in well-known K-Pop songs to foreign learners.

Warm-Up

You will infer the meanings of the expressions with fun illustrations that match the expressions you will learn.

QR code

Along with the expression, you can check the example sentences and dialogues of the expression in the vivid voice of a professional voice actor through a QR code.

Quiz!?

Through simple quizzes, you can infer and check the meaning and usage of the expression.

16 뒷구멍으로 호박씨를 까다

To shell pumpkin seeds with your behind

Track 016

Quiz !?

① '뒷구멍으로 호박씨를 까다'의 뜻은 무엇일까요?
What is the meaning of "뒷구멍으로 호박씨를 까다"?

ⓐ 몸 상태가 좋지 않다
ⓑ 목숨을 건 경쟁을 하다
ⓒ 안 그런 척 내숭을 떨면서 나쁜 짓을 하다

② '뒷구멍으로' 하는 행동은 어떤 의미를 가질까요?
What does it mean for an action to be performed with your behind?

ⓐ 아무도 모르게 하다
ⓑ 많은 사람 앞에서 하다
ⓒ 친한 사람 앞에서만 하다

44

Meaning & Origin

Through the detailed explanations of the meaning and origin of expressions, learners can understand and use expressions properly.

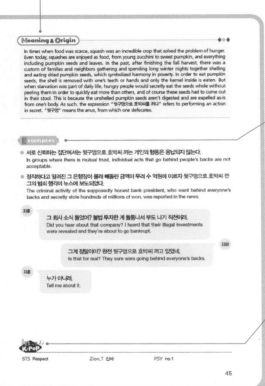

Meaning & Origin ◆◆◆

In times when food was scarce, squash was an incredible crop that solved the problem of hunger. Even today, squashes are enjoyed as food, from young zucchini to sweet pumpkin, and everything including pumpkin seeds and leaves. In the past, after finishing the fall harvest, there was a custom of families and neighbors gathering and spending long winter nights together shelling and eating dried pumpkin seeds, which symbolized harmony in poverty. In order to eat pumpkin seeds, the shell is removed with one's teeth or hands and only the kernel inside is eaten. But when starvation was part of daily life, hungry people would secretly eat the seeds whole without peeling them in order to quickly eat more than others, and of course these seeds had to come out in their stool. This is because the unshelled pumpkin seeds aren't digested and are expelled as-is from one's body. As such, the expression "뒷구멍으로 호박씨 까다" refers to performing an action in secret. "뒷구멍" means the anus, from which one defecates.

Examples

● 서로 신뢰하는 집단에서는 뒷구멍으로 호박씨 까는 개인의 행동은 용납되지 않는다.
In groups where there is mutual trust, individual acts that go behind people's backs are not acceptable.

● 정직하다고 알려진 그 은행장이 몰래 빼돌린 금액이 무려 수 억원에 이르자 뒷구멍으로 호박씨 깐 그의 범죄 행각이 뉴스에 보도되었다.
The criminal activity of the supposedly honest bank president, who went behind everyone's backs and secretly stole hundreds of millions of won, was reported in the news.

지훈
그 회사 소식 들었어? 불법 투자한 게 들통나서 부도 나기 직전이래.
Did you hear about that company? I heard that their illegal investments were revealed and they're about to go bankrupt.

지아
그게 정말이야? 완전 뒷구멍으로 호박씨 까고 있었네.
Is that for real? They sure were going behind everyone's backs.

지훈
누가 아니래.
Tell me about it.

K-PoP

BTS Respect   Zion.T 신사   PSY no.1

45

Examples

Example sentences and dialogues show the context and situations in which expressions are used.
You can also learn the tone and intonation of expressions through audio file.

In K-Pop

By introducing well-known K-Pop songs that use expressions, it helps to understand the lyrics of them.

Appendix

The Quiz Answers and the Korean Translations of "Meaning & Origin" are included, as well as an Index of K-Pop Songs by artist and an Alphabetical Index of Expressions

차례 Table of Contents

PART 1 관용어 Idioms

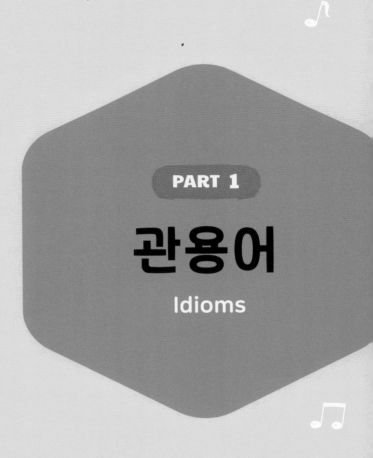

PART 1

관용어

Idioms

1 간에 기별도 안 가다

For the message to not even reach the liver

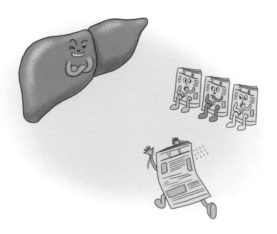

Quiz !?

1 '간에 기별도 안 가다'의 뜻은 무엇일까요?

What is the meaning of "간에 기별도 안 가다"?

ⓐ 다이어트를 시작하다

ⓑ 과음으로 인해 숙취를 느끼다

ⓒ 먹은 것이 너무 적어 먹으나 마나 하다

2 '기별'의 뜻은 무엇일까요?

What is the meaning of "기별"?

ⓐ 편지

ⓑ 악보가 있는 노래

ⓒ 소식을 알리는 종이

Since ancient times, it has been said that the human body consists of five organs and six parts. These are called the "internal organs." The liver is an important organ among these and is responsible for metabolic activity. Once the food a person eats goes through the digestive process in their stomach, the nutrients are broken down and stored in their body as an appropriate amount of energy. The liver is responsible for these functions of breaking down and storing. Therefore, if you only eat a small amount, the amount that the liver breaks down and stores will also be small. Additionally, during the Joseon Dynasty, the noun "기별" meant a letter that was distributed in the morning by the royal secretary, which was published to spread news of the palace. We might see it as the equivalent of a sort of newspaper in the modern day. Today, the proper noun "기별" that corresponds to a newspaper has changed to an ordinary noun meaning "news" that informs people of a fact. The phrase "간에 기별도 안 간다" means that, contrary to your expectations, you ate very little food. In other words, you ate so little that the news, or message, didn't reach your liver, so it's as if you didn't eat at all.

Examples

● 다이어트용 식사는 먹는 양이 너무 적어 간에 기별도 안 간다.
Diet meals have such small portions that you feel like you haven't eaten anything at all.

● 비행기에서 나누어 주는 간식이 간에 기별도 안 갈 정도로 너무 적다.
The snacks that they hand out on planes are so small that it's as if you haven't even eaten.

영식

우와! 급식에 닭다리가 나온대! 나 두 개 먹을래!
Wow! I heard there are chicken legs in our school lunch today! I'm gonna eat two!

지아

안 돼. 선생님께서 오늘 급식에 나온 닭다리는 한 사람당 하나씩만 주라고 하셨어.
You can't. The teacher said that they're only giving out one chicken leg per person.

영식

애개! 닭다리 하나로는 간에 기별도 안 가겠다.
How stingy! Eating one chicken leg is like eating nothing at all.

고삐를 늦추다

To loosen the reins

2

Quiz !?

1 '고삐를 늦추다'의 뜻은 무엇일까요?
What is the meaning of "고삐를 늦추다"?

ⓐ 하던 일을 그만두다
ⓑ 인내심을 갖고 참고 기다리다
ⓒ 경계심이나 긴장을 누그러뜨리다

2 '고삐를 늦추다'의 반대말은 무엇일까요?
What is the opposite of "고삐를 늦추다"?

ⓐ 고삐를 풀다
ⓑ 고삐를 조이다
ⓒ 고삐를 놓아 버리다

To ride a horse or cow, you need "고삐," or reins. Reins a rope that connects to an animal's head, like to the bit in a horse's mouth or to a cow's nose ring. It is a piece of equipment attached to the animal's head in order to tame it. By pulling tight or loosening the reins, livestock like horses and cows can be ridden or driven wherever a person wants. In this way, as tightening or loosening the reins connotes, the idiom "고삐를 늦추다" is used when slowing down the speed or easing the tension of something that a person or group of people are pushing for. Conversely, when you don't want to slow the pace even a little and are nervous or actively controlling the momentum, you say "고삐를 조이다" ("tightening the reins"). There are various idioms like this that are related to reins; to indicate a situation that is out of control, you say "고삐가 풀리다" ("the reins have been released"). Additionally, a person who is rough and does what they please like a cow or horse running around without reins on is called "고삐 풀린 망아지" ("a colt without reins").

Examples

● 경기에서 이기고 있다고 **고삐를 늦추어서는** 안 된다.
Don't loosen the reins just because you're winning the match.

● 경력이 오래된 운전자들도 **고삐를 늦추는** 순간 교통사고가 발생하기 쉽다.
Even experienced drivers can easily get into a traffic accident the moment they loosen the reins.

기자

최근 코로나 19 확진자가 다시 늘어나고 있는데, 이유가 무엇이라고 생각하십니까?
The number of COVID-19 patients is on the rise again. What do you think the reason is?

의사

백신 접종 이후 정부가 방역의 **고삐를 늦췄기** 때문입니다.
It's because after the vaccinations, the government loosened the reins on preventative measures.

기자

그러면, 어떤 강력한 대응 조치를 취해야 할까요?
Then what strong response measures do we need to take?

In K-PoP

BIGBANG 뱅뱅뱅
TREASURE CLAP!

EXO Ko Ko Bop
Super M Super Car

Beenzino Nike Shoes

3

골로 가다

To go to the valley

Track 003

Quiz !?

1 '골로 가다'의 뜻은 무엇일까요?
What is the meaning of "골로 가다"?

ⓐ 세상을 떠나다
ⓑ 아무 말 없이 여행을 떠나다
ⓒ 원래 가려던 방향이 아닌 다른 방향으로 가다

2 '골'을 뜻하는 단어로 알맞은 것은 무엇일까요?
What is the correct meaning of "골"?

ⓐ 강
ⓑ 관
ⓒ 골뱅이

"골로 가다" is an idiomatic expression made up of the noun "골" and the verb "가다" ("to go"), and means "to die." The origin of the word "골" is unclear and there are many opinions regarding it. First, some have the opinion that it comes from an old word for "coffin," in which a dead body is held, but this is countered by the fact that the idiom only came into use relatively recently. Others are of the opinon that "골" comes from the Chinese character 谷 (pronounced "곡") meaning "valley." The proof that they assert for this is that since a long time ago, when people died, they were buried in deep valleys. "골로 가다" can be categorized as rude slang, along with "뒈지다" and "거꾸러지다" (lit. "to die" and "to fall on one's head," both used similarly to the English expression "to croak"), so you must be careful when using this expression. Standard expressions with the same meaning include "죽다" and "사망하다" (both meaning "to die"). Meanwhile, other idioms related to death include "눈을 감다" ("to close one's eyes") and "숨을 거두다" ("to breathe one's last breath"). You can also use the more pleasant metaphorical expression "돌아가다" (lit. "to return," meaning "to pass away").

Examples

● 교통사고로 사망한 사람을 '골로 갔다'라고 말하는 것은 적절한 표현이 아니다.
To say that someone who died in a car accident "kicked the bucket" isn't an appropriate expression.

● 그 전문가는 인터뷰 도중 환자가 '바로 수술을 받지 못해 골로 갔다'라는 발언으로 사람들로부터 질타를 받았다.
The expert attracted criticism when he said during an interview that the patient "kicked the bucket because surgery wasn't performed immediately."

미경
> 숙취 해소에 필요한 약 좀 사 와야겠어.
> I've gotta go buy some hangover medicine.

준서
> 너 일주일 내내 계속 과음하는 것 같은데… 조심해, 그러다 골로 가.
> It seems like you've had too much to drink every day this week....
> Be careful, you're gonna kick the bucket at this rate.

미경
> 알았어. 걱정해 줘서 고마워.
> All right, I get it. Thank you for worrying about me.

K-POP

PSY GANJI
Tymee Cinderella

PSY 양아치
Lee Seung Yoon 벤치프레스 (밀어붙여)

4 골탕 먹다

To eat bone broth soup

Track 004

Quiz !?

1 '골탕 먹다'의 뜻은 무엇일까요?

What is the meaning of "골탕 먹다"?

ⓐ 크게 곤란을 당하거나 손해를 입다

ⓑ 먹고 싶었던 음식을 마침내 먹게 되다

ⓒ 상대방이 가지고 있던 것을 빼앗아 오다

2 '골탕 먹다'는 어떤 상황에 쓰일 수 있을까요?

In what situation is "골탕 먹다" used?

ⓐ 선생님께 칭찬을 받았을 때

ⓑ 친구가 장난으로 신발을 숨겼을 때

ⓒ 어머니가 아침에 밥을 해 주셨을 때

"골탕 먹다," which is derived from the name of a dish called "골탕" ("bone broth soup"), means "to all at once get into big trouble or receive harm or damage." When you cause harm to someone, the expression "골탕 먹이다" ("to feed someone bone broth soup") is used. Both expressions refer to deliberate, planned actions. Originally, "골탕" refers to a soup dish made by boiling a cow's head or spine in a clear broth. In other words, the original meaning of "골탕 먹다" is to eat a delicious soup made with meat. But a similar sounding word "곯다" means "to be damaged and fall ill." Because "골탕" and "곯다" (pronounced "골타") sound similar, "골탕" took on the additional meaning of "곯다." And as the word "먹다" (lit. "to eat") acquired the meaning of "to take on" or "to undergo," this phrase came to mean something completely different from the name of the dish.

Examples

● 이솝우화 중에 두루미를 **골탕 먹이려던** 여우가 오히려 두루미에게 **골탕 먹는** 일화가 있다.
Among Aesop's Fables, there's a story of a fox who tries to play a trick on a crane but actually ends up being tricked by the crane instead.

● 사춘기에 접어든 청소년들은 친구들끼리 서로 **골탕 먹이는** 장난을 자주 친다.
Teenagers going through adolescence often play pranks among friends.

아내

자기야, 나 어제 학교에서 학생들한테 **골탕 먹었어.**
Honey, the kids at school played a trick on me yesterday.

남편

아니, 왜? 무슨 일로?
Why? What did they do?

아내

교실에 들어갔는데 학생들이 한 명도 없는 거야. 그래서 찾아봤더니 만우절이라 음악실에 다 가 있더라.
I went into the classroom but there wasn't a single student in there. So I went to look for them and found out it was April Fool's Day and they were all in the music room.

Verbal Jint 비정한 세상 피토하는 음악   ZE:A 삐꿋삐꿋
C JAMM 케빈

5 귀에 못이 박히다

To get a callus in your ear

Track 005

Quiz !?

1 '귀에 못이 박히다'의 뜻은 무엇일까요?

What is the meaning of "귀에 못이 박히다"?

ⓐ 상대방이 너무 시끄럽다
ⓑ 비슷한 말을 너무 자주 듣는다
ⓒ 상대방이 노래를 아주 못 부른다

2 '귀에 못이 박히다'의 비슷한 말은 무엇일까요?

What other phrase has the same meaning as "귀에 못이 박히다"?

ⓐ 귀청을 때리다
ⓑ 귓전을 울리다
ⓒ 귀에 딱지가 앉다

"귀에 못이 박히다" is used to express frustration when you hear worries or scolding repeated again and again. Everyone has experienced nagging from their parents, hearing the same words over and over again from the time they are young all the way through their adulthood – words like, "Make sure to greet the neighbors politely," "Look both ways when crossing the street," or, "Don't wear headphones when walking at night." When you hear the same words over and over like this, you use the expression "귀에 못이 박히다." In this idiom, "못" doesn't refer to a nail (which is also called "못" in Korean) but to a callus, the thick, hard skin that forms on a person's hands or feet due to repeated friction. You can see this hardened skin on the hands of people who play guitar or frequently play golf. The expression "못이 박이다" (lit. "to get a callus") is also used in these cases about a person's hands or fingers. In the same way, saying that a callus has formed on your ear ("못이 박혔다") is a metaphorical way of expressing that you've heard the same words so many times that you've grown tired of them. Ususally, the correct form of the expression is "못이 박이다," but in this idiom only, it's written as "못이 박히다."

Examples

● 많은 학생들은 공부하라는 말을 **귀에 못이 박히도록** 듣는다.
Many students are told to "go study" so often that they're sick of hearing it.

● 모든 부모는 다 큰 자녀에게도 차를 조심하라고 **귀에 못이 박히도록** 말씀하신다.
All parents tell even their grown-up children to watch out for cars so often that they're sick of hearing it.

엄마

아들! 숙제는 언제 하려고 놀고 있는 거니?
Son! Why are you playing? When are you going to do your homework?

아빠

다 했대. 잔소리 그만해. 애 귀에 못 박히겠어.
He said he finished it all. Stop scolding him.
He's going to get sick and tired of hearing it.

엄마

걱정이 돼서 하는 말이지.
I say it because I worry.

그림의 떡

Rice cake in a picture

Track 006

Quiz !?

1 '그림의 떡'과 비슷한 의미를 가진 말은 무엇일까요?
What other word has the same meaning as "그림의 떡"?

ⓐ 성공
ⓑ 소망
ⓒ 실패

2 '그림의 떡'은 어떤 상황에 쓰일까요?
In what situation is "그림의 떡" be used?

ⓐ 배가 고파 헛것이 보일 때
ⓑ 먹고 싶지만 먹을 수 없을 때
ⓒ 그림을 사진처럼 너무 잘 그렸을 때

If you're watching TV and see a scene where people are eating delicious food and think, "I'd like to try that too," the idiomatic expression It's known to have originated from the story "The Vassal Lu Yu") from "Book of Wei" in "Records of the Three Kingdoms." Cao Rui, the emperor Ming of the state of Wei during the Three Kingdoms period in China, cared greatly for his vassal named Lu Yu, who had a high reputation for being well-learned and properly behaved. Cao Rui put Lu Yu in the position of recruiting talented people to work in his court and told him, "Whether we receive people of talent or not will all depend on you. Reputation is like a picture of rice cake drawn on the ground – you can't eat it. So you can't look at reputation alone." This phrase is the origin of "화중지병," or in other words, "rice cake in a picture." Accordingly, "그림의 떡" means something that you can't eat even if you want to, or a wish or dream that you can't have even if you want it.

Examples

● 아파트 가격이 치솟자 MZ세대들에게 주택 구입은 **그림의 떡**이 되어버렸다.
As apartment prices soared, buying a home became a pipe dream for the MZ generation.

● 여름방학 내내 생활비를 마련해야 하는 학생들에게 해외여행은 **그림의 떡**에 불과하다.
For students who have to come up with living expenses all throughout their summer vacation, trips abroad are nothing but pie in the sky.

지훈

우와! 저 차 진짜 멋있다. 저런 차를 타면 어떤 기분일까?
Wow! That car's so cool. I wonder what it'd feel like to ride in a car like that.

성윤

나도 언젠가는 한 번쯤 타 볼 수 있겠지?
I'll be able to ride in one someday at least once, right?

지훈

평생 이뤄질 수 없는 **그림의 떡**이라, 나는 그냥 본 것만으로도 만족해.
That's a pipe dream that'll never come true as long as you live, so I'm just satisfied with having seen the car.

K-POP

AKMU 라면인건가
ASTRO Someone Else

THE BOYZ the stealer
f(x) 4 Walls

OH MY GIRL Blink

김칫국부터 마시다

To drink kimchi soup first

Track 007

Quiz !?

1 '김칫국 마시다'의 뜻은 무엇일까요?

What is the meaning of "김칫국 마시다"?

ⓐ 아픈 몸을 치료하기 위해 약을 먹다

ⓑ 자신에게 주어진 임무를 성공적으로 수행하다

ⓒ 지레짐작하여 그렇게 될 것으로 믿고 행동하다

2 다음 중 '김칫국을 마시는' 사람은 누구일까요?

Which of the following person is "drinking kimchi soup"?

ⓐ 매운 음식을 먹고 있는 사람

ⓑ 오랫동안 보지 못한 친구를 만나 신이 난 사람

ⓒ 시험 발표가 나기도 전에 축하 파티를 열고 있는 사람

Kimchi is one of Korea's representative foods. There are different types depending on the different ingredients used, such as baechukimchi, pakimchi, and nabakkimchi. This phrase is derived from the saying "떡 줄 사람은 생각도 안 하는데 김칫국부터 마신다" ("to drink kimchi soup before even being offered rice cake"). Rice is the main ingredient in rice cake, and in the past, rice was expensive and took great effort to grow, so only on holidays or days of celebration would people make rice cakes and share them with their neighbors. Additionally, in the past when beverages weren't as common, people ate rice cake with dongchimi or nabakkimchi, which refers to a clear and refreshing broth, so that the rice cake wouldn't get stuck in their throat and would be digested well. This is a sarcastic expression about a person who thinks that if their neighbor is making rice cake, they'll definitely be given some as well and so they prepare kimchi soup in advance. "김칫국부터 마시다" is an expression for making assumptions and hoping for something in advance without assessing the situation, or for behaving as if all the work has already been done. Recently, among young people, the expression "김칫국부터 마시다" is mixed with English and said as "김칫국 드링킹(drinking)." This expression contains an element of mockery so use it carefully.

Examples

● 장학생으로 선정되지도 않았는데 유학 준비를 하는 것은 **김칫국부터 마시는** 격이다.
Preparing to study abroad before even being selected as a scholarship student is like counting your chickens before they hatch.

● **김칫국부터 마시지** 않고 항상 겸손하고 철저히 준비하는 태도가 성공의 지름길이다.
An attitude of not counting your chickens before they hatch and always maintaining a humble and thoroughly prepared attitude is the shortcut to success.

성윤

> 어제 소개팅에서 만난 사람이 나를 엄청 좋아하는 것 같아.
> 결혼하는 상상까지 했다니까.
> I think the person I met on my blind date yesterday really likes me. You know, I even imagined marrying him!

나연

> 아직 한 번 밖에 안 만났으면서 벌써부터 김칫국 마시는 거 아니야?
> You've only met him once, isn't that counting your chickens before they hatch?

K-PoP

Stray Kids Close (한)   PENTAGON 에일리언   DIA 화가
EXO-SC Say It   Primary 조만간 봐요

8

깡통을 차다

To wear a can

Track 008

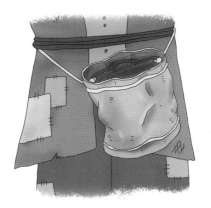

Quiz !?

1 **'깡통을 차다'의 뜻은 무엇일까요?**
What is the meaning of "깡통을 차다"?

ⓐ 애인과 헤어지다
ⓑ 음료수를 다 마시다
ⓒ 빌어먹는 신세가 되다

2 **깡통을 찬 사람을 어떻게 부를까요?**
What do you call a person who "wears a can"?

ⓐ 거지
ⓑ 부자
ⓒ 사기꾼

Have you ever seen a scene in a Korean TV drama where someone says, "Oh no! Our family is ruined. We're really wearing cans now!"? Then you can easily understand the meaning of the expression "깡통을 차다." This expression shows part of Korea's dark modern history. When Korea was liberated from Japanese colonial rule, it took on western culture and civilization in earnest and the number of foreign words in use began to grow. "깡통" is a word made up of a combination of the English "can" and the Korean "통," which has the same meaning. The verb "(…을/를) 차다" in this expression means "to wear something tied around your waist." In the 1950s, as daily necessities became scarce, beggars would pick up empty cans that American army bases threw away and use them as dishes – or in other words, 통 – in which to hold food that they begged for, and the idiom "깡통을 차다" was created. Simply put, it means that a person has become poor or needs to beg for their food. Another expression with the same meaning is "쪽박을 차다" (lit. "to wear a small gourd"), and there's also the expression "돈방석에 앉다" (lit. "to sit on a pile of money") which has the opposite meaning, indicating that someone has become rich.

Examples

● 경제 불황으로 해고된 회사원들은 하루아침에 **깡통 차는** 신세가 되었다.
Office workers who were fired due to the economic recession found they were flat broke in just one day.

● 지난주 로또에 1등으로 당첨된 사람이 갑자기 **깡통을 차게** 된 사연이 알려졌다.
A story was reported about a person who won first prize in the lotto last week and then suddenly went flat broke.

성윤

민지 얘기 들었어? 다니던 회사가 망해서 실직했대.
Did you hear about Minji? They say the company she was working for went under and now she's unemployed.

준서

정말? **깡통 차는** 신세가 되는 거 아니니?
Seriously? Doesn't that mean she's flat broke now?

성윤

민지는 능력 있는 친구니까, 금방 다시 취업할 수 있을 거야.
Minji has a lot of skills, so she'll be able to find a job again soon.

Dynamicduo 불면증
Dynamicduo 2040

Paloalto 거북선 Remix
Johyunah(Urban Zakapa) here I am

9

깨가 쏟아지다

To rain sesame seeds

Track 009

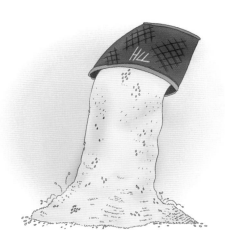

Quiz !?

1 '깨가 쏟아지다'의 의미는 무엇일까요?
What is the meaning of "깨가 쏟아지다"?

ⓐ 사랑이 넘치다
ⓑ 사람들이 많아지다
ⓒ 주위가 더러워지다

2 '깨가 쏟아지다'가 쓰이는 관계로 알맞은 것은?
Which relationship does "깨가 쏟아지다" apply to?

ⓐ 친한 친구
ⓑ 신혼 부부
ⓒ 형제 자매

There are two kinds of seeds known as "깨" – perilla seeds ("들깨") and sesame seeds ("참깨") – and among these, sesame seeds represent sweetness and a richness in flavor. "깨가 쏟아진다" relates to the image of sesame seeds being harvested. To harvest sesame seeds, sesame plants must first be cut with a sickle and then tied into a bundle and left for a long time to dry in the sun. When the bundles of well-dried sesame plants are hit with a stick, the seeds fall down like rain. Accordingly, "깨가 쏟아진다" is an expression that encapsulates the image of newlyweds or lovers who are overflowing with sweet and flavorful love, like sesame seeds raining down at the slightest touch. Sesame seeds that are stir-fried and made into a powder with added salt make a seasoning called "깨소금" ("sesame salt"), and oil made with sesame seeds is called "참기름" ("sesame oil"). Food products made with sesame seeds, such as sesame salt and sesame oil, are sweet and rich in flavor, and are therefore mainly used to express the meaning of happiness.

Examples

● 신혼부부에게 "깨가 쏟아진다"라는 칭찬은 최고의 덕담이다.
The compliment of "conjugal harmony" is the best of well wishes for a newlywed couple.

● 결혼 33년 차 부부가 여전히 깨가 쏟아지는 행복한 일상을 꾸려 나가자 많은 이들이 부러워했다.
Many people envied the couple who had been married for 33 years and whose daily life was still filled with conjugal bliss.

성윤

지은이랑 석훈이가 사귀는 거 알아?
Did you know Jieun and Seokhoon are dating?

준서

응, SNS에서 둘이 찍은 사진 봤는데 아주 깨가 쏟아지더라.
Yeah, I saw pictures they took together on social media and they look all lovey dovey.

성윤

부러워. 나도 그런 남자 친구가 있으면 좋겠어.
I'm jealous. I wish I had a boyfriend like that.

BTS Intro: What am I to you
YDG Touch The Sky

Dynamicduo 잔소리

낙인 찍다

To brand

Track 010

10

Quiz !?

❶ '낙인 찍다'의 뜻은 무엇일까요?
What is the meaning of "낙인 찍다"?

ⓐ 죄를 지어 감옥에 가다
ⓑ 중요한 계약서에 서명을 하다
ⓒ 벗어나기 어려운 부정적 평가를 내리다

❷ '낙인 찍다'와 비슷한 말은 무엇일까요?
What other phrase has the same meaning as "낙인 찍다"?

ⓐ 풀이 죽다
ⓑ 누명을 쓰다
ⓒ 꼬리표를 달다

Branding animals is a method of identification that has been practiced over many long years in nomadic life and in raising livestock. Even today, in places where livestock like cows and horses are raised, a heated iron seal is used to mark the body of animals to prevent them from getting mixed up. In the past, branding wasn't only used on livestock, but also as a mark of ownership on people as a way of distinguishing slaves. The bodies of criminals were also branded as a form of punishment. Because a brand can't easily be erased or gotten rid of, once a person was branded, they had to live the rest of their lives with that dishonor. Today, "낙인 찍다" doesn't refer to branding a person's body, but is instead used in the metaphorical sense of creating a negative perception that is difficult to escape. Because negative judgements continue to follow a person once they get into trouble, when a person receives attention from others for something bad, it's usually described as "낙인 찍히다" ("being branded"). Similarly to being branded, when a person or thing is judged in a negative way, the expression "꼬리표를 달다" ("to tag" or "to label" something) is also used.

Examples

● 한번 범죄자로 **낙인 찍힌** 사람들은 직장을 구하기가 힘들다.
Once someone has been branded as a criminal, it's hard for them to find a job.

● 자신의 성공을 위해 동료들을 무능한 인간으로 **낙인 찍는** 것은 비윤리적인 행위이다.
It's unethical to brand your colleagues as incompetent people for the sake of your own success.

성윤
너 어디 가? 청소하고 가야지.
Where are you going? We have to clean up before we go.

지훈
오늘은 우리 교실 청소하지 말고 그냥 가자!
Let's not clean the classroom today and just go!

성윤
안 돼, 오늘도 청소 안 하고 그냥 가면 불량 학생으로 **낙인 찍힐** 거야.
We can't. If we don't clean and just leave again today,
we'll be branded as delinquent students.

K-PoP

TAEMIN Advice	MONSTA X Burn it up	T-ara 떠나지마
EXO-SC 날개	TAEYANG Love you to death	

눈 깜짝할 사이

In the blink of an eye

Track 011

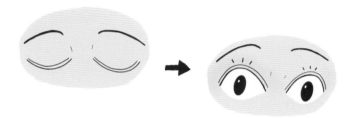

Quiz !?

1 '눈 깜짝할 사이'의 뜻은 무엇일까요?
What is the meaning of "눈 깜짝할 사이"?

ⓐ 눈을 깜빡이다
ⓑ 매우 짧은 순간
ⓒ 놀라서 눈이 커지다

2 '눈 깜짝할 사이'와 비슷한 말은 무엇일까요?
What other word has the same meaning as "눈 깜짝할 사이"?

ⓐ 드물다
ⓑ 언제나
ⓒ 순식간

A very short span of time is referred to as "눈 깜짝할 사이(새)." In Korea, words like "깜작이다," "깜짝이다," and "깜빡이다" (all meaning "to blink," with various degrees of intensity implied) are commonly used and are all standard language. The closing and opening of one's eyes is "깜작이다," and a stronger version of this expression is "깜짝이다." The process of lowering and raising one's eyelids is called "눈 깜빡임" ("the blink of an eye"). People usually blink 15 to 20 times a minute, and the average speed of one blink is about 100 to 150 msec. This is a very fast speed of about 1/10 of 1 second (100 msec). In this way, the "깜짝" in "눈 깜짝할 사이" means the very short period of slightly closing and opening one's eyes ("a flicker"), which is even faster than the complete closing and opening one's eyes during a blink. "순식간에," which means the amount of time to take a single breath, and "찰나에" ("in an instant"), which comes from a Buddhist term meaning a very short time, are both expressions that refer to a very short or quick flow of time.

Examples

● 눈 깜짝할 사이에 벌써 수 년의 세월이 흘렀다.
Several years had already passed in the blink of an eye.

● 교통사고는 눈 깜짝할 사이에 발생하므로 늘 긴장해야 한다.
Traffic accidents occur in the blink of an eye, so you must always be alert.

미경

> 여기 식탁에 올려 놓은 고기가 어디 갔지?
> Where'd the meat that I put on the table go?

이준

> 아까 실수로 바닥에 떨어뜨렸는데 눈 깜짝할 사이에 강아지가 먹어 버렸어.
> I dropped it on the floor by accident earlier and the dog ate it all up in the blink of an eye.

미경

> 역시 식탐이 많은 강아지란 말이지.
> What a greedy little puppy.

K-Pop

BTS 2학년   Apink %%(응응)   Lovelyz 비밀정원
Crush Cereal   Highlight CELEBRATE

35

12 눈 하나 깜짝 안 하다

To not blink an eye

Track 012

Quiz⁉

1 '눈 하나 깜짝 안 하다'의 뜻은 무엇일까요?
What is the meaning of "눈 하나 깜짝 안 하다"?

ⓐ 눈을 다치다
ⓑ 아무렇지 않은 듯이 행동하다
ⓒ 눈물을 많이 흘려 얼굴이 지저분해지다

2 '눈 하나 깜짝 안 하다'와 반대되는 말은 무엇일까요?
What is the opposite of "눈 하나 깜짝 안 하다"?

ⓐ 군침이 돌다
ⓑ 눈꺼풀이 무겁다
ⓒ 식은땀을 흘리다

When something appears suddenly in front of someone or when watching a scary movie, they might blink their eyes ("눈을 깜짝") in surprise without even realizing it. "깜짝이다" means to slightly close and open one's eyes. So "눈 하나 깜짝 안 하다" indicates that one's attitude or appearance is normal, as if nothing has happened, acting calm and composed even in the face of something scary or dangerous. Biologically, it's said that in situations where something protrudes toward them unexpectedly, humans naturally begin blinking their eyes. To keep one's eyes open contrary to this natural phenomenon despite an external shock can be seen as very unusual and as if one is always serious. This appearance is where this expression was derived from. "눈 하나 깜짝 안 하다" means "to be calm in any situation," "to not show surprise at all," and "to not be afraid."

Examples

● 그 정치인은 눈 하나 깜짝 안 하고 청문회에서 거짓말을 했다.
The politician lied at the hearing without even blinking an eye.

● 소방관은 눈 하나 깜짝하지 않고 불길 속으로 몸을 던져 어린아이를 구출하였다.
The firefighter threw himself into the fire without even blinking an eye and rescued the young child.

지은

이번에 새로 나온 영화 봤어?
Did you watch the movie that just came out?

영식

응, 엄청 무서워서 계속 눈 감고 봤어.
Yeah, it was so scary that I kept my eyes closed while I was watching it.

지은

나도. 근데 우리 엄마는 안 무서운지 눈 하나 깜짝하지 않고 보시더라.
Me too. But my mom must not've been scared. She watched it without batting an eyelid.

BTOB 제발　　　　　　　　　PENTAGON 접근금지　　　　　　　Jun.K Alive

눈앞이 캄캄하다

For it to be dark in front of one's eyes

Track 013

Quiz !?

1 '눈앞이 캄캄하다'의 의미로 알맞은 것은?
What is the meaning of "눈앞이 캄캄하다"?

ⓐ 절망적이다
ⓑ 불이 꺼졌다
ⓒ 시력을 잃었다

2 '캄캄하다'와 비슷한 말로 알맞은 것은?
What other phrase has the same meaning as "캄캄하다"?

ⓐ 어둡다
ⓑ 냄새가 나다
ⓒ 곰곰이 생각하다

If you say "눈앞이 캄캄하다" literally, it means that what you see when you open your eyes is darkness without any light at all. If you're surrounded by darkness with absolutely nothing else in sight, you'll feel at a loss, confused and unsure of what to do. When people come face to face with a dangerous or difficult situation, unable to guess what will happen next, they feel fear and hopelessness. In this way, "눈앞이 캄캄하다" means "to be far off in a fog, at a loss as to what to do." Here, "눈앞" doesn't simply mean what is right in front of your eyes or a nearby place that you can see with your eyes, but rather "the very near future." To add further emphasis, you can say "눈앞이 새까맣다" ("for it to be jet-black in front of one's eyes"), and in contrast, to mean "the view or path becomes clear" or "to get a clear picture of the circumstances," you can say "눈앞이 환해지다" ("for it to become bright in front of one's eyes").

Examples

● 공원에서 그네를 타던 아이가 보이지 않자 어머니는 **눈앞이 캄캄했다.**
When her child, who had been playing on the swings in the park, slipped out of view, the mother felt like she was plunged into darkness.

● 갑자기 해고를 당한 사람들은 살아갈 길이 막막해져 **눈앞이 캄캄했다.**
The people who were suddenly fired were at a loss as to how to live and felt plunged into darkness.

성윤
> 벌써 밤 10시네! 시간이 정말 빠르다.
> It's already 10 p.m.! Time really flies.

시우
> 그러니까. 집까지는 언제 또 가지? 집에 갈 생각을 하니
> 벌써 **눈앞이 캄캄해.**
> I know. How am I supposed to get home now?
> Thinking about getting home, I already feel at a total loss.

성윤
> 걱정 마, 내가 차로 집까지 데려다줄게.
> Don't worry, I'll bring you home in my car.

K-Pop
- Ailee 노래가 늘었어
- SHINee 블랙홀
- EXO 으르렁
- TREASURE B.O.M.B
- SEVENTEEN 같이 가요

Track 014

14 눈에 밟히다

To have one's eye stepped on

Quiz !?

1 '눈에 밟히다'의 뜻은 무엇일까요?
What is the meaning of "눈에 밟히다"?

ⓐ 눈에 멍이 들다
ⓑ 관심을 얻으려고 노력하다
ⓒ 잊히지 않고 자꾸 눈에 떠오르다

2 '눈에 밟히다'와 비슷한 말은 무엇일까요?
What other phrase has the same meaning as "눈에 밟히다"?

ⓐ 마음이 아프다
ⓑ 눈병에 걸렸다
ⓒ 계속 생각이 나다

"눈에 밟히다" means "to not be forgotten" or "to come to mind often." "밟히다" is the passive form of "밟다" ("to step on"), and means to be pressed under a foot. But "눈에 밟히다" doesn't mean that one's eye is physically stepped on, but rather that something isn't forgotten and keeps coming up in one's mind. In other words, it means that you keep thinking of something and are worried, or that you miss something so much that the thing you sincerely want or miss appears vividly before your eyes and you can still see it even when your eyes are closed. It's mainly used in circumstances when something heartbreaking isn't forgotten and lingers in your mind for a long time. This idiom can be used not just for people but also for animals or objects. You can also use it to express situations that come to mind often, such as when you miss your lost cat or when you've lost something important to you.

Examples

● 지난 태풍으로 다친 많은 어린아이들이 **눈에 밟혀** 축제가 침울하게 이루어졌다.

The many children hurt in the previous typhoon stayed in the back of people's minds, and the festival was gloomy.

● 길에서 마주친 야윈 들고양이가 **눈에 밟혀** 한동안 머리 속을 떠나지 않았다.

The thin street cat that I saw on the road stayed in the back of my mind, and it didn't leave my head for a long while.

지훈

저녁을 너무 일찍 먹었더니 배가 고파서 잠이 안 와.

I ate dinner too early and now I can't sleep because I'm hungry.

미경

다이어트 중이야?

Are you on a diet?

지훈

응, 오늘부터 시작했는데 어제 먹었던 치즈 케이크가 자꾸 **눈에 밟혀**.

Yeah, I started today but the cheesecake I ate yesterday is still on my mind.

G-Dragon One of a Kind
ITZY NOBODY LIKE YOU

SHINee JoJo
KIM SUNG GYU Alive

PSY 셀레인다

15

대박이 나다

For a large gourd to sprout

Track 015

Quiz !?

1 '대박이 나다'의 뜻은 무엇일까요?
What is the meaning of "대박이 나다"?

ⓐ 크게 성공하다
ⓑ 몸에 큰 병이 생기다
ⓒ 집안에 안 좋은 일이 생기다

2 '대박이 나다'와 비슷한 의미의 말이 <u>아닌</u> 것은 무엇일까요?
What phrase doesn't have the same meaning as "대박이 나다"?

ⓐ 대박이 터지다
ⓑ 대박이 깨지다
ⓒ 대박을 터트리다

Fruit that is farmed and harvested has a meaning of the fruition of positivity and hope. Gourds ("박" in Korean) brought wealth and happiness to the unfairly impoverished family of Heungbu in the classic novel "The Story of Heungbu." Since the mid-1990s, young people have widely used the newly coined word "대박" ("a large gourd") to mean a big success. The new word "대박" was likely able to be coined because gourds have long been familiar to Korean people and because the idiom "쪽박 차다" ("to wear a small gourd"), meaning to suffer a large failure and become poor, was already widely used. People usually say "대박이 나다" ("for a large gourd to sprout"), "대박을 터뜨리다" ("to burst a large gourd"), or "대박을 치다" ("to strike a large gourd"). Additionally, as "대박이 나다" doesn't refer to a certain amount of profit but just to a large success, it can also be used with a negative meaning, like in the case of speculation or gambling done in order to make it big and "burst a large gourd." Because "대박" can mean something positive or negative at the same time, some people consider it an expression that lacks refinement and reveals one's feelings too easily.

Examples

● 신인 가수의 데뷔곡이 대중에게 큰 호응을 얻어 **대박이 났다.**
The new singer's debut song got a big response from the public and became a big hit.

● 이번에 출시한 신제품이 **대박이 나서** 그 회사는 동종 업계에서 매출 1위를 차지했다.
The newly released product was a huge hit and the company reached number one in sales in its industry.

영식
> 이번 주 토요일에 뭐 해? 나랑 영화 보러 갈래?
> What are you doing this Saturday? Do you wanna go watch a movie with me?

성윤
> 좋지. 그런데 무슨 영화?
> Sure. Which movie?

영식
> 이번에 완전 **대박** 난 신인 감독의 작품 있잖아. 그거 보러 가자!
> There's that movie by a new director that's a huge hit. Let's go watch that!

K-Pop

SINCE, Tabber Reset
AB6IX ABSOLUTE

pH-1 주황색
Block B JACKPOT

CL 멘붕

16 뒷구멍으로 호박씨를 까다

To shell pumpkin seeds with your behind

Track 016

Quiz⁉

1 '뒷구멍으로 호박씨를 까다'의 뜻은 무엇일까요?
What is the meaning of "뒷구멍으로 호박씨를 까다"?

ⓐ 몸 상태가 좋지 않다
ⓑ 목숨을 건 경쟁을 하다
ⓒ 안 그런 척 내숭을 떨면서 나쁜 짓을 하다

2 '뒷구멍으로' 하는 행동은 어떤 의미를 가질까요?"
What does it mean for an action to be performed with your behind?

ⓐ 아무도 모르게 하다
ⓑ 많은 사람 앞에서 하다
ⓒ 친한 사람 앞에서만 하다

In times when food was scarce, squash was an incredible crop that solved the problem of hunger. Even today, squashes are enjoyed as food, from young zucchini to sweet pumpkin, and everything including pumpkin seeds and leaves. In the past, after finishing the fall harvest, there was a custom of families and neighbors gathering and spending long winter nights together shelling and eating dried pumpkin seeds, which symbolized harmony in poverty. In order to eat pumpkin seeds, the shell is removed with one's teeth or hands and only the kernel inside is eaten. But when starvation was part of daily life, hungry people would secretly eat the seeds whole without peeling them in order to quickly eat more than others, and of course these seeds had to come out in their stool. This is because the unshelled pumpkin seeds aren't digested and are expelled as-is from one's body. As such, the expression "뒷구멍으로 호박씨를 까다" refers to performing an action in secret. "뒷구멍" means the anus, from which one defecates.

Examples

● 서로 신뢰하는 집단에서는 **뒷구멍으로 호박씨 까는** 개인의 행동은 용납되지 않는다.

In groups where there is mutual trust, individual acts that go behind people's backs are not acceptable.

● 정직하다고 알려진 그 은행장이 몰래 빼돌린 금액이 무려 수 억원에 이르자 **뒷구멍으로 호박씨 깐** 그의 범죄 행각이 뉴스에 보도되었다.

The criminal activity of the supposedly honest bank president, who went behind everyone's backs and secretly stole hundreds of millions of won, was reported in the news.

지훈

그 회사 소식 들었어? 불법 투자한 게 들통나서 부도 나기 직전이래.

Did you hear about that company? I heard that their illegal investments were revealed and they're about to go bankrupt.

지아

그게 정말이야? 완전 뒷구멍으로 호박씨 까고 있었네.

Is that for real? They sure were going behind everyone's backs.

지훈

누가 아니래.

Tell me about it.

BTS Respect   Zion.T 신사   PSY no.1

17 딴전을 부리다/피우다

To act like it's a different shop

Track 017

Quiz !?

1 '딴전을 부리다'의 뜻은 무엇일까요?
What is the meaning of "딴전을 부리다"?

ⓐ 어떤 일을 정확히 기억하다
ⓑ 친구와 말다툼을 하여 기분이 상하다
ⓒ 현재 하고자 하던 일을 제쳐 두고 아무 연관 없는 말이나 행동을 하다

2 '딴'과 비슷한 의미의 말은 무엇일까요?
What other word has the same meaning as "딴"?

ⓐ 함께
ⓑ 똑같은
ⓒ 서로 다른

"딴전 부리다/피우다" is an idiom made up of "딴전" and "부리다" or "피우다." According to one interpretation, "딴" in "딴전" means "different, without any connection" and "전" means "shop." In other words, "딴전" is used to mean something or some action with no connection to the matter at hand. Accordingly, "딴전 부리다/피우다" is used to indicate that one doesn't attend to their own business properly and focuses on something else unrelated or on someone else's business. For example, when someone who needs to do something is talking about or doing something completely unrelated, it's used to give advice like "딴전 피우지 말고 네 일에 신경 써!" ("Don't change the subject; focus on your own affairs!") This idiom can also be used when certain words or things have nothing to do with you. It's also expressed as "딴청," which has the same meaning as "딴전." In these cases, the predicates "부리다" and "피우다" (both meaning "to act like") are also used in the same sense.

Examples

● 선수들의 높은 집중력을 요구하는 이어달리기에서는 누구도 **딴전**을 **부리면** 안 된다.

In a relay race, where high concentration is required from runners, nobody should be acting indifferent.

● 위기에 몰린 정치가가 **딴전**을 **피우며** 논점을 흐리는 말만 계속한다.

The politician in crisis is playing innocent, continuing to say things that cloud the issue.

언니

너 왜 **딴전**이나 **피우면서** 내 말 안 들리는 척해?

Why are you feigning ignorance and pretending that you didn't hear me?

동생

무슨 소리야. 내가 왜 그런 짓을 해? 정말 안 들렸어.

What are you talking about? Why would I do that? I really didn't hear you.

언니

거짓말하지 마. 내가 너를 몇 번이나 불렀는데!

Don't lie. I called for you so many times!

K-POP

IU 내 손을 잡아   Soyu, JUNGGIGO 썸   Jang Deok Cheol 그날처럼
Crush 나빠   TWICE 거북이   TWICE TOUCHDOWN

18

말짱 도루묵

All sandfish

Track 018

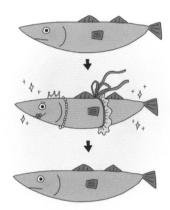

Quiz !?

1 '말짱 도루묵'의 뜻은 무엇일까요?
What is the meaning of "말짱 도루묵"?

ⓐ 연속된 일들에 지치다
ⓑ 힘써서 한 일이 아무 소용없다
ⓒ 먹고 싶었던 음식을 마침내 맛보다

2 '도루묵'은 무엇일까요?
What is "도루묵"?

ⓐ 고기
ⓑ 생선
ⓒ 나물

"말짱 도루묵," a combination of "말짱" meaning "all" or "everything," and "도루묵," the name of a fish, is used when something doesn't work out properly or if efforts were made in vain to mean that all the work put into something has turned out to be useless. In old literature, "도루묵" ("sandfish") was called "목어," "돌목," "도로목," etc. There are several legends and folk tales related to 도루묵; we'll introduce you to one story in which the sandfish became "다시 목어" (or "sandfish again"). A king had fled from a war and was tired and starving. He ate a grilled fish called "목어" ("sandfish") and it was so delicious that he ordered that the name be corrected to "은어," meaning "silver fish." When the war ended and peace finally arrived, the king, who had spent his time eating his fill, remembered the sandfish, or silver fish, that he had enjoyed eating during his days of refuge and looked for the grilled fish. However, as the king's taste had already grown accustomed to fine food, he no longer felt that the silver fish tasted delicious. And so it's said that once again, he ordered that the silver fish, which he had first ordered to be called by such a pretty name, be called "다시 목어" (also pronounced as "도로 목어," both meaning "sandfish again"). This is how the silver fish came to be called "도루묵" again.

Examples

● 오랫동안 준비한 교환 학생 프로그램이 코로나 19로 인하여 **말짱 도루묵**이 되었다.
As a result of COVID-19, the long-prepared-for student exchange program went down the drain.

● 밤새워 그린 벽화가 아침에 내린 비에 젖어 **말짱 도루묵**이 되었다.
The mural that had taken all night to paint got wet in the rain that fell in the morning and the effort turned out to be in vain.

시우
드디어 내일 제주도 가는 날이다!
Tomorrow is finally the day we go to Jeju Island!

나연
휴, 제발 내일 태풍이 안 왔으면 좋겠어.
Whew, I really hope there's no typhoon tomorrow.

시우
그러게. 태풍 오면 비행기가 결항되어서 **말짱 도루묵**이잖아.
I know. If there's a typhoon, the flight will be canceled and everything will go down the drain.

K-POP

TEEN TOP CLASS   HAAN our smile   BOB4 YouaHolic
ResPeace 사무라이   ONEW 내 경험으론 말이야

19

머리에 맴돌다

To hover in one's head

Track 019

Quiz⁉

1 '머리에 맴돌다'는 어떤 의미일까요?
What is the meaning of "머리에 맴돌다"?

ⓐ 눈을 감아도 어지럽다
ⓑ 무언가 비밀을 말하고 싶다
ⓒ 어떤 것이 잊히지 않고 자꾸 생각이 나다

2 '머리에 맴돌다'와 비슷한 의미를 가진 말이 <u>아닌</u> 것은 무엇일까요?
What phrase doesn't have the same meaning as "머리에 맴돌다"?

ⓐ 눈에 밟히다
ⓑ 머리가 아프다
ⓒ 귓가에 맴돌다

The verb "맴돌다" means the state of not leaving and continuing to circle around a certain place or area. When used with "머리" ("head") in the phrase "머리에 맴돌다," it means "a state in which unclear thoughts constantly come to mind and remain, not leaving one's head." In other words, the phrase "머리에 맴돌다" expresses unclear afterimages of memories, a state of mind in which things that happened in the past or an experience of a certain period in the past stays on the tip of your tongue and isn't erased. Other examples of expressions that use body parts and a person's psychological state to express unique human emotions include "눈에 밟히다" (lit. "to have one's eye stepped on," meaning "for something to stay in the back of one's mind"), "귀에 익다" (lit "to be familiar to one's ears," meaning "to sound familiar"), and "귓가에 맴돌다" (lit. "to hover at the edges of one's ears," meaning "to echo or ring in one's ears").

Examples

- 트라우마를 겪는 사람들은 머리 속을 맴돌며 떠나지 않는 그 무엇인가에 밤마다 시달린다.
People who suffer trauma are stricken each night by something that lingers in their mind and doesn't leave.

- 추억의 영화들은 향수를 불러 일으켜 어린 시절을 머리 속에 한동안 맴돌게 한다.
Memorable films evoke nostalgia and keep your childhood lingering in your mind for some time.

영식
내일 시험 준비는 잘 하고 있어?
Are you preparing well for the exam tomorrow?

지은
샤이니 '링딩동'을 듣고 난 후부터 그 멜로디가 머리에 자꾸 맴돌아서 공부를 제대로 못하겠어.
Ever since I listened to SHINee's "Ring Ding Dong," the melody keeps lingering in my head and I can't study properly.

영식
맞아. 그래서 '링딩동'이 수능 금지곡이잖아. 몰랐어?
Yeah. That's why "Ring Ding Dong" is a "forbidden song" before college entrance exams. You didn't know that?

Wanna One 에너제틱   TAEMIN Flame of Love   GOLDEN CHILD Let Me

20 바가지를 긁다

To scratch the bowl

Track 020

Quiz !?

1 '바가지를 긁다'의 의미는 무엇일까요?
What does "바가지를 긁다" mean?

ⓐ 시끄럽게 하다
ⓑ 잔소리를 심하게 하다
ⓒ 말도 안되는 소리를 하다

2 '바가지를 긁다'가 쓰이는 상황으로 알맞은 것은?
In what situation is "바가지를 긁다" used?

ⓐ 친구에게 조언을 할 때
ⓑ 엄마가 아들을 칭찬할 때
ⓒ 아내가 남편에게 싫은 소리를 할 때

The word "바가지" means a concave bowl made from a gourd ("박" in Korean). In the past in Korea, these bowls were essential kitchen tools. These days, concave bowls that are made not only from gourds but also from plastic are all called "바가지." In the past, when a disease spread throughout a village, the people thought it was caused by ghosts, and so in order to chase away the ghosts, they would call a shaman to hold an exorcism. During the exorcism, the shaman would loudly scratch a bowl because it was believed that ghosts couldn't stand the sound of scratching and would run away and the disease would be cured. In other words, the phrase "바가지를 긁는다" ("to scratch the bowl") is a way of expressing nagging by comparing it to the sound of a bowl being scratched, which ghosts hated hearing so much that they would flee. In particular, it's frequently used to refer to a wife complaining and nagging her husband harshly.

Examples

● 남편들은 아내가 **바가지 긁는** 소리를 듣기 싫어서 일찍 집에 들어간다.
Husbands don't want to hear the sound of their wife's nagging, so they go home early.

● 아내의 **바가지 긁는** 소리는 남편의 행동에 따라 사라질 수도 있다.
Depending on a husband's behavior, the sound of a wife's nagging can disappear.

남편

오늘 회식때문에 집에 늦게 들어갈 것 같아.
I have a staff dinner so it looks like I'll be home late.

아내

어제도 회식하고 늦게 왔잖아. 그런데 오늘도 회식이야?
You came home late yesterday too because of a staff dinner. But you have another staff dinner today?

남편

당신까지 **바가지 긁을** 거야? 요즘 회사가 얼마나 힘든데!
You're going to nag me too? Do you know how hard it is at the office these days?

SUPER JUNIOR 아야야   PSY 아버지

21

바람을 피우다

To act like the wind

Track 021

Quiz !?

1 '바람을 피우다'의 뜻은 무엇일까요?
What is the meaning of "바람을 피우다"?

ⓐ 속마음을 드러내다
ⓑ 바람이 불어 머리가 망가지다
ⓒ 한 사람에 만족하지 않고, 몰래 다른 사람과 사귀다

2 곧잘 바람을 피우는 사람을 칭하는 말은 무엇일까요?
What is other term for people who often cheat?

ⓐ 바람둥이
ⓑ 바람돌이
ⓒ 바람순이

"바람을 피우다" is an expression that refers to someone who is in a stable relationship but isn't satisfied with just one person and engages in unethical behavior with someone else. The "바람" in "바람을 피우다" means "having one's heart drawn to and secretly having a relationship with someone else," and "피우다," when used with certain nouns, indicates that one behaves or has an attitude like the meaning of that noun. This phrase refers to the deviant behavior of someone who has a spouse or lover but is interested in someone else, or gives their heart to another and dates them for a short time, or someone who is in a relationship but secretly begins a relationship with someone else. Because of this, the expression "바람을 피우다" is used in circumstances where someone has an inappropriate relationship, like an extramarital affair. Just like the wind at its essence can't stay in one set location, "바람을 피우다" was derived from the image of someone who can't stay with just one person and shows interest in or has relationships with others.

Examples

● 배우자가 **바람을 피워** 이혼하는 비율이 점차 증가하고 있다.
The rate of divorces caused by a cheating spouse is gradually increasing.

● 심리학적으로 배우자가 **바람을 피우는** 이유를 여러 측면에서 설명할 수 있다.
Psychologically speaking, the reasons why a spouse cheats can be explained in many different ways.

성윤

어제 길 가다가 지은이 남자 친구가 다른 여자랑 손잡고 가는 걸 봤어.
Walking down the street yesterday, I saw Jieun's boyfriend was holding hands with another girl.

이준

정말로? 지은이 남자 친구가 혹시 **바람 피우는** 거 아니니?
Really? Doesn't that mean Jieun's boyfriend is cheating on her?

성윤

그럴지도 몰라.
It could be.

Davichi 사랑과 전쟁   IU 나말고 넷   ATEEZ 그녀는 바람둥이야

22

발이 떨어지지 않다

For one's feet to not come up off the ground

Track 022

Quiz !?

① '발이 떨어지지 않다'의 뜻은 무엇일까요?
What is the meaning of "발이 떨어지지 않다"?

ⓐ 발바닥에 껌이 붙다
ⓑ 누군가가 강제로 떠나지 못하게 하다
ⓒ 걱정되는 마음 때문에 선뜻 떠나지 못하다

② '발이 떨어지지 않다'에서, '떨어지지 않다'와 바꿔 쓸 수 있는 표현은 무엇일까요?
What word can be switched with "떨어지지 않다" in "발이 떨어지지 않다"?

ⓐ 들이다
ⓑ 묶이다
ⓒ 풀리다

Meaning & Origin

"발이 떨어지지 않는다" means that someone regrets having to leave because they don't want to be parted, or are troubled by worries or anxieties. After spending a pleasant time with someone, you might have experienced regret and been unable to leave easily when it was time to part. At times like this, you can use the expression "발이 떨어지지 않는다." It's also a phrase that expresses a desire to stay next to someone and protect them because you're so worried that they'll need someone at their side to help them. In real life, from time to time, we can also experience our feet seeming physically unable to move well when we feel disappointed mentally. Like "발이 떨어지지 않는다," other idioms that express that one can't leave because they feel worried include "발길이 떨어지지 않는다" and "발걸음이 떨어지지 않는다" (lit. "one's steps don't come up off the ground").

Examples

● 돈을 벌기 위해 타지로 떠나야 하는 사람들은 가족이 걱정되어 **발이 떨어지지 않았다.**

People who had to leave for another country in order to make money were so worried about their families that they were reluctant to leave.

● 길을 걷던 행인이 다친 새 한 마리를 발견하자 **발이 떨어지지 않아** 119에 신고하였다.

When the passerby who was walking down the street found an injured bird, he was reluctant to leave and called the emergency services.

며느리

> 어머니! 저희 이제 가 볼게요. 바로 일어서려니 발이
> 쉽게 떨어지지가 않네요.
> Mother, we'll be going now. I'm trying to just get
> up and go but I'm so reluctant to leave.

시어머니

> 다음 설날에는 오래 있다가 가. 나는 언제나 환영이니까.
> Come stay for a longer time next Lunar New Year.
> I'll always welcome you here.

며느리

> 네, 자주 전화 드릴게요.
> Thank you. I'll call often.

Monday Kiz 발자국	Loco AWESOME	GOD 사랑이 영원하다면
NCT DREAM Chewing Gum	B1A4 Bling Girl	

23

배가 아프다

For one's stomach to hurt

Track 023

Quiz!?

1 '배가 아프다'와 비슷한 의미를 가진 말은 무엇일까요?
What phrase has the same meaning as "배가 아프다"?

ⓐ 걱정하다
ⓑ 질투 나다
ⓒ 화가 나다

2 '배가 아프다'는 어떤 상황에 쓰일까요?
In what situation is "배가 아프다" used?

ⓐ 소화가 되지 않을 때
ⓑ 누구에게 화가 났을 때
ⓒ 친하게 지내던 친구가 좋은 차를 샀을 때

A person's emotions can be revealed through things like their words and facial expressions, but emotions can also impact one's physical body and appear as diseases. In "동의보감" ("Principles and Practice of Eastern Medicine"), a famous Korean book of traditional medicine, human emotions are divided into 7 categories of happiness, anger, anxiety, pensiveness, sadness, fear, and surprise, and they are analyzed as the cause of diseases connected to organs in the physical body, like the liver, heart, stomach, kidneys, etc. In this way, one characteristic of traditional Korean medicine is that it identifies the causes of diseases as organic processes between the mind and body. Among these, it's said that jealousy damages the liver, causing pain in the muscles of the stomach, which is connected to the liver, and leading to stomachaches. Therefore, if jealousy arises because people close to you experience success or because something goes well for them, it's said that your stomach is bound to hurt. A figurative saying that describes this is "사촌이 땅을 사면 배가 아프다" (lit. "If your cousin buys land, your stomach hurts," an equivalent to "The envious man grows lean at the success of his neighbor.").

Examples

● 특정한 인물을 시기하고 **배가 아파서** 악플을 다는 경우가 많다고 한다.

It's said that there are many cases of people posting nasty comments online because they're so jealous of certain famous people.

● 성공한 사람을 보면 칭찬을 하기에 앞서 **배가 아프다.**

When seeing a successful person, some people feel jealous before they think to offer praise.

준서

고등학생 때 전교 꼴찌였던 정연이 기억나?
걔가 의류 사업으로 성공해서 비싼 외제차를 구매했대.

Remember Jeongyeon, who was last in her high school?
I heard her clothing business succeeded and she bought an expensive foreign car.

미경

정말? 그때가 엊그제 같은데 그 소식을 들으니까 배가 좀 아프네.

Really? It all feels like just yesterday. I feel a little jealous hearing that news.

준서

역시 성공은 성적순이 아니야!

As expected, success isn't based on your rank in school!

PSY 댄스쟈키   HAON Graduation
Heize No Way   YOUNHA Driver

24 배꼽을 잡다

To grab one's belly button

Track 024

Quiz !?

1 '배꼽을 잡다'의 뜻은 무엇일까요?
What is the meaning of "배꼽을 잡다"?

ⓐ 배고프다
ⓑ 너무 웃기다
ⓒ 배가 아프다

2 '배꼽을 잡다'와 비슷한 말은 무엇일까요?
What phrase has the same meaning as "배꼽을 잡다"?

ⓐ 콧대가 높다
ⓑ 발목을 잡다
ⓒ 웃음보가 터지다

"배꼽을 잡다" means that something is so funny that you can't hold back your laughter and it makes you grab your stomach. "배꼽" ("belly button") is a hollow located in the center of your abdomen, and is the spot left after a child is born and their umbilical cord dries up and falls off. "잡다" is a verb that means "to grab (with one's hands)," "to hold on to," "to snatch," etc. Here, it's used with the meaning of "to grab (with one's hands)," so that "배꼽을 잡다" refers to a situation in which one grabs their belly button with their hands. You've likely experienced your stomach hurting because you laughed loudly for a long time when you heard a funny story or saw a funny scene. When you laugh loudly for a long time because something is so funny, muscles in your stomach and diaphragm that you don't ordinarily use are stimulated, resulting in a great degree of exercise. As your abdominal muscles move in this way, the amount of exercise that stimulates your organs increases too much and causes your stomach to hurt, and "배꼽을 잡다" is an idiom that comes from the action of grabbing your stomach in order to relax it.

Examples

● 그 웹툰을 본 사람들 중에 배꼽을 잡지 않은 사람은 없었다.
There wasn't a single person who saw that webtoon who wasn't doubled over with laughter.

● 상대방의 주장을 듣는 순간 모두 배꼽 잡을 일이라고 어처구니없어 했다.
When they heard the other party's argument, they all said it was so ridiculous that it would leave you doubled over with laughter.

지훈
나연아, 내가 어제 영화를 봤는데 너무 웃겨서 완전 배꼽 잡았잖아.
Hey, Nayeon, I watched a movie yesterday and it was so funny that I was doubled over with laughter.

나연
정말? 무슨 영화인데?
For real? Which movie was it?

지훈
이번에 개봉한 코미디 영화인데 배우들이 연기를 너무 잘해.
It's the new comedy movie that just came out. The stars are really good at acting.

K-POP

BewhY 가라사대   Stray Kids SUPER BOARD   Stray Kids DOMINO
ZICO 아무노래   iKON 나를 사랑하지 않나요? (LOVE ME)

25

배알이 꼴리다

For one's guts to be twisted

Track 025

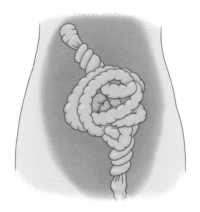

Quiz !?

1 '배알이 꼴리다'의 뜻은 무엇일까요?
What is the meaning of "배알이 꼴리다"?

ⓐ 배가 아파 병원에 가다
ⓑ 비위에 거슬려 불쾌하다
ⓒ 배가 고프지 않아 식사를 거르다

2 '배알이 꼴리다'와 비슷한 말은 무엇일까요?
What other word has the same meaning as "배알이 꼴리다"?

ⓐ 질투하다
ⓑ 좋아하다
ⓒ 무시하다

"배알이 꼴리다" is a crude expression that means that you've been offended by someone else's words or actions and you feel displeased and upset. "배알" ("guts") is a pure Korean phrase that describes the insides of your stomach – in other words, the core of your stomach or your inner thoughts. "꼴리다" describes something that is heavily slanted toward one side and can mean "a situation that has been twisted," or can also mean that the intestines in your abdomen are tangled up. In this way, "배알이 꼴리다" uses the appearance of someone whose stomach is extremely uncomfortable as if they were all twisted up in order to express inner feelings of jealousy or envy at another person's success or at an opponent's words. Standard versions of the crude expression "배알이 꼴리다" include "아니꼽다" (lit. "for one's insides to be tangled up," meaning "to be disgusted, offended, or irritated") and "배가 아프다" (lit. "for one's stomach to hurt," meaning "to be jealous"). Along with "배알이 꼴리다," the expressions "배가 쓰리다" (lit. "for one's stomach to be sour") and "배가 뒤틀리다" (lit. "for one's stomach to be twisted") also express simple physical conditions but are also metaphorical expressions of a person's emotions (with both meaning "to be offended or bothered").

Examples

● 신문 기사를 보고 많은 사람들은 **배알이 꼴린다**는 반응을 보였다.
Many people who saw the newspaper article reacted with disgust.

● 사업에 성공한 친구가 잘난 체하는 모습을 보면 누구나 **배알이 꼴릴** 것이다.
Anyone would feel bothered to see a friend who succeeded in business act condescendingly.

시우

오늘 회사 직원 중 한 명이 승진했는데 생각할수록 배알이 꼴리네.
One of the employees at work got promoted today and the more I think of it, the more it bothers me.

지아

왜?
Why?

시우

내 실적이 더 좋은데 나는 이번에 승진을 못 했거든.
My performance is better but I didn't get promoted this time.

K-POP

Jay Park, Simon Dominic, CHANGMO SOJU Remix   ATEEZ 춤을 춰
pH-1 Okay

26

백기를 들다

To raise a white flag

Track 026

Quiz !?

① **'백기를 들다'와 비슷한 의미를 가진 말은 무엇일까요?**
What phrase has the same meaning as "백기를 들다"?

ⓐ 항복하다
ⓑ 네가 지다
ⓒ 반기를 들다

② **'백기를 들다'는 어떤 상황에 쓰일까요?**
In what situation is "백기를 들다" used?

ⓐ 시위를 벌일 때
ⓑ 부당한 일에 맞설 때
ⓒ 싸움에서 질 것 같을 때

"백기를 들다" means that you have no intention of confronting or resisting your opponent. Since the days of the Roman Empire, a white flag ("백기") has been recognized as a sign of having no intent to engage in combat, and in "Laws and Customs of War on Land," part of the Hague Convention signed in 1899, the act of raising a white flag was confirmed as a symbol of surrender. In Korea, before exchange began with the West 150 years ago, a white flag didn't have the meaning of surrender. In the past, because Koreans, who were symbolized as "the white-clad people" ("백의민족"), enjoyed wearing white clothing and would wear white into battle, white couldn't be the symbolic color of surrender. Through the influence of western culture, raising a white flag has now naturally become recognized as a sign of surrender or submission in Korea as well. The East and West have traditionally used different meanings for colors. Korean people assign special meaning to five colors ("오방색," also called "the five cardinal colors") based on the theory of "음양오행" ("yin-yang and the five elements"); among these five colors, white represents gold (金, pronounced as "금") and the west, blue represents wood (木, pronounced as "목") and the east, red represents fire (火, pronounced as "화") and the south, black represents water (水, pronounced as "수") and the north, and yellow represents earth (土, pronounced as "토") and the center.

Examples

● 경쟁에서 밀린 그 회사는 마침내 **백기를 들고** 말았다.

The company that was pushed out of the competition ended up waving the white flag in the end.

● 토크 쇼에 출연한 토론자는 상대편의 논리적이고 집요한 반론에 결국 **백기를 들었다**.

The debater who appeared on the talk show eventually raised a white flag at the other side's logical and persistent counterargument.

지은

우리 테니스 시합에서 진 사람이 저녁 사기로 할까, 어때?
What do you think about the loser of our tennis match buying dinner?

준서

너 예전에 테니스 대회에서 상 받은 적 있지 않아? 난 이길 자신이 없는데 ….
Didn't you win a prize in a tennis tournament before? I don't think I can win....

지은

에이, 시작도 안 하고 **백기** 드는 거야?
Pfft, we haven't even started and you're waving a white flag?

SEVENTEEN Back it up
GIRIBOY 범퍼카 Remix

Jay Park Run it
ZICO 날

27

본전도 못 찾다

To be unable to even find the principal

Track 027

Quiz !?

1 '본전도 못 찾다'의 뜻은 무엇일까요?

What is the meaning of "본전도 못 찾다"?

ⓐ 돈을 펑펑 쓰다

ⓑ 잃어버렸던 것을 되찾다

ⓒ 어떠한 일이 아무 보람 없이 끝나서 하지 않은 것만 못하다

2 '전'과 비슷한 의미의 말은 무엇일까요?

What other word has the same meaning as "전"?

ⓐ 돈

ⓑ 음식

ⓒ 영수증

"본전도 못 찾다," which expresses that it's difficult to get back even the principal sum that you invested, means that you were unable to get your money back. "본전" ("principal") is an initial sum of money acquired through loan or investment, without counting interest or profit. Accordingly, if you maintain the principal, you have no losses. In particular, the principal, also called "종잣돈" ("seed money"), means the capital invested when starting a new business or deal. "본전도 못 찾다" is used when you invested the principal and did business but were unable to make a profit, or even faced a loss. With this meaning, "본전도 못 찾다" is an idiom that indicates that you didn't receive the results you wanted and your work ended up being in vain and you're worse off than when you started. Contrary to this, an economic situation in which you invest and make a profit, or when you get even more satisfaction than you anticipated for what you paid at a restaurant or amusement park is expressed as "본전을 뽑다" (lit. "to pull the principal," meaning "to get one's money's worth" or "to pay for itself") or "본전을 건지다" (lit. "to recover the principal," meaning "to break even" or "to pay for itself").

Examples

● 전문가가 아닌 이상 주식에 거액을 투자하고 본전도 못 찾는 경우가 많다.
There are a lot of cases in which, unless you're an expert, you can invest a large sum of money in stocks and not even be able to break even.

● 주말에 놀이동산에 갔다가 사람이 너무 많아 본전도 못 찾고 집에 돌아가는 가족들이 많았다.
There were many families who went to the amusement park over the weekend and came home without even getting their money's worth because there were too many people there.

이준
피아노 경연 대회 결과는 어떻게 됐어?
How did your piano competition go?

미경
아주 오랫동안 준비했는데 본전도 못 찾고 탈락했지 뭐야.
I prepared for a really long time but I lost without even getting out what I put into it.

이준
너무 아쉽다. 다음엔 더 잘할 수 있을 거야.
That's a shame. You'll do better next time.

Block B Yesterday   G-Dragon G-Dragon   Bewhy The time goes on

Track 028

28 비위를 맞추다

To adjust one's stomach

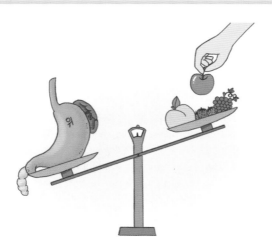

Quiz !?

1 '비위를 맞추다'의 뜻은 무엇일까요?
What is the meaning of "비위를 맞추다"?

ⓐ 소화가 잘되다
ⓑ 음식의 간을 맞추다
ⓒ 다른 사람의 심정을 만족스럽게 하다

2 '비위를 맞추다'의 '비위'와 비슷한 의미의 말이 **아닌** 것은?
What word doesn't have the same meaning as "비위를 맞추다"?

ⓐ 마음
ⓑ 성미
ⓒ 냄새

"비위" in "비위를 맞추다" is a combination of the words "비" (脾, meaning "spleen") and "위" (胃, meaning "stomach"), and refers to these two digestive organs. In order for food to be digested in a person's body, the spleen and stomach have to work in harmony, and so this idiom takes this relationship between the digestive organs and extends it to human relationships in an expression that means that "to even match one's stomach to someone else's." "비위를 맞추다" means a situation in which you don't particularly like someone but you match your actions to suit their feelings anyway, or have no choice but to end up going along with them. Therefore, it could be called a type of flattery. There's also the idiom "비위에 거슬리다" (lit. "to upset one's stomach," meaning "to get on one's nerves") which has the opposite meaning of "비위를 맞추다." "비위" metaphorically represents a person's mind, temperament, etc. For example, it's used in idioms like "비위가 좋다" (lit. "to have a good stomach," meaning "to have a strong stomach" or "to have nerve"), which means that someone is confident, "비위에 맞다" (lit. "to match one's stomach," meaning "to suit one's taste"), which means that you like a certain environment or person, and "비위가 약하다" (lit. "to have a weak stomach," meaning "to be squeamish about" or "to be unable to stomach"), which refers to a person or state that you can't get over because you don't like it.

Examples

● 누군가의 **비위를 맞추는** 일은 여간 어려운 일이 아니다.
Currying favor with other people certainly isn't an easy task.

● 진정한 협력 관계는 상대방의 **비위를 맞추는** 것이 아니라 호흡을 맞추는 것이다.
A genuine partnership isn't about ingratiating yourself with the other person but rather about working well together.

미경

요즘 과장님이 내가 하는 모든 일을 지적해서 회사 다니기 너무 싫어.
I hate going to work because the manager criticizes everything I do lately.

영식

그래도 네가 적당히 **비위** 잘 맞춰 드려. 그래야 네가 편하지.
Ingratiate yourself with her a little bit. That's what you have to do to be comfortable.

미경

그래야겠어. 사회생활 너무 힘들다.
I guess I'll have to. Office life is so hard.

MIRANI Achoo
4minute 1절만 하시죠

Colde 마음대로
Stella Jang 니맘내맘

Park Kyung 오글오글

29

산통을 깨다

To break the box of fortunes

Track 029

Quiz !?

1 '산통을 깨다'의 뜻은 무엇일까요?
What is the meaning of "산통을 깨다"?

ⓐ 등산 도중 길을 잃다
ⓑ 다 된 일을 이루지 못하게 망치다
ⓒ 소중한 물건을 망가뜨려 못 쓰게 하다

2 다음 중 '산통을 깨다'와 비슷한 말이 아닌 것은 무엇일까요?
What other phrase has the same meaning as "산통을 깨다"?

ⓐ 초를 치다
ⓑ 재를 뿌리다
ⓒ 심금을 울리다

The "산통" in "산통을 깨다" is a tool used in fortune telling. In Korea, various methods of traditional fortune telling have been handed down and there are many tools used to tell fortunes. Among these, "산통" is a box that holds bamboo sticks that have fortunes written on them. If the box of fortunes, an essential item in fortune telling, is broken or smashed, it can only mean disaster. For this reason, the expressions "산통을 깨다" and "산통이 깨지다" (lit. "for the box of fortunes to break") are idioms that mean that something that was going well hits a twist and can't proceed, or for things to twist in such a manner. Because it has the meaning of something that was going well being ruined either by yourself or a different person or certain situation, it can be used in the passive form as well. This idiom can be seen as having been created because when telling fortunes with sticks of wood, a box of fortunes was necessary. You can also find other idioms in K-Pop lyrics with the same meaning as "산통을 깨다," like "초를 치다" (lit. "to season something with vinegar") and "다 된 밥에 재 뿌리다" (lit. "to sprinkle ash on food that's been prepared"), with both of these being equivalent to "to spoil something" or "to throw a wrench into something."

Examples

- 거액을 투자해 제작한 드라마에 사용된 OST 음악이 드라마에 어울리지 않아 **산통을 깼다.**
  The music for the OST used in the TV drama, which was made with a huge investment of money, didn't suit the show at all and spoiled everything.

- 야외 결혼식 도중에 갑자기 소나기가 퍼부어 **산통을 깨고** 말았다.
  A sudden downpour started in the middle of the outdoor wedding ceremony and ended up spoiling the whole thing.

지아
> 너 오늘 소개팅 나간 건 어떻게 됐어?
> How did your blind date go today?

현우
> 완전 망했어! 식사까지는 분위기 좋았는데 계산할 때 카드 한도 초과라고 떠서 여자분이 돈을 다 냈지 뭐야.
> It was a total disaster! Everything was good up through the meal, but when I went to pay, it turned out my card was over the limit so she ended up paying for everything.

지아
> 산통 다 깨졌네!
> So everything went up in smoke!

ZICO 걘 아니야   JJCC 어디야   DJ Wegen etc. 신경쇠약

30

새빨간 거짓말

A bright red lie

Track 030

Quiz⁉

1 **'새빨간 거짓말'의 뜻은 무엇일까요?**
What is the meaning of "새빨간 거짓말"?

ⓐ 선의의 거짓말
ⓑ 의도하지 않은 거짓말
ⓒ 거짓이라는 것이 뻔히 보이는 거짓말

2 **거짓말과 함께 쓰일 수 있는 또 다른 색은 무엇일까요?**
What other color can be used with the word "lie"?

ⓐ 파란색
ⓑ 하얀색
ⓒ 노란색

Meaning & Origin

"새빨간 거짓말" is an idiom that means a pure and obvious lie that you can't hide, or a poorly told lie. According to some opinions, the reason this phrase uses red and not a different color is that the Chinese character 赤 (pronounced "적") that means red also means "to be perfect" or "to be clear or obvious." In Korean, there are various ways to express the color red depending on its brightness and saturation, including "빨갛다," "불그스름하다," "새빨갛다," "뻘겋다," "붉다," and "검붉다." The "새" used here is mainly attached before a color adjective and plays the role of emphasizing the color's darkness or brightness. For example, if you attach "새" before a color like in "새빨간 색" ("bright red"), "샛노란 색" ("bright yellow"), "새파란 색" ("deep blue"), etc., you can express the color as being much more vivid. Therefore, "새빨갛다" means bright, rich, and pure red. Because of this, when referring to a ridiculous lie that is easily recognized or bound to be found out, it's expressed as "새빨간 거짓말."

Examples

- 그 정치가의 약속은 **새빨간 거짓말**이었다.
  The politician's promises were bold-faced lies.

- 증인의 증언은 **새빨간 거짓말**로 밝혀졌다.
  The witness' testimony was revealed to be an outright lie.

엄마
> 재현아, 너 오늘 학원 안 갔니?
> Jaehyeon, you didn't go to your after-school academy today?

아들
> 당연히 다녀왔죠, 왜요?
> Of course I did, why?

엄마
> 학원에서 아까 전화 왔어. 엄마한테도 **새빨간 거짓말**할 거야?
> I got a call from the academy earlier. Are you really going to lie through your teeth to your mother?

G-Dragon black	EXO-CBX 누가 봐도 우린 (Be My Love)
UP10TION Liar	After School 나쁜 놈

31

속이 타다

For one's insides to burn

Track 031

Quiz !?

① '속이 타다'의 뜻은 무엇일까요?
What is the meaning of "속이 타다"?

ⓐ 급하게 먹어 배가 아프다
ⓑ 걱정이 되어 마음이 조급해지다
ⓒ 부주의로 인해 물건을 잃어버리다

② '속이 타다'와 비슷한 말이 <u>아닌</u> 것은?
What phrase doesn't have the same meaning as "속이 타다"?

ⓐ 애가 타다
ⓑ 속을 긁다
ⓒ 가슴이 타다

The word "속" ("inside") in phrases like "머릿속" ("inside one's head"), "몸속" ("inside one's body"), and "가슴속" ("inside one's chest"), is commonly used to mean the inner part of an object or a person's body. So when people eat something that has gone bad or eat too quickly, they say "속이 좋지 않다" (lit. "My insides aren't good," meaning, "My stomach is upset.") or "속이 쓰리다" (lit. "My insides burn," meaning, "I have a sour stomach."). "속이 타다" is an idiom that refers to a state of bubbling with anger or anxiety to the degree that your heart is burning up. It's a phrase that comes from feeling anxious or impatient with worry, as if your stomach is on fire. This idiom is used to express feeling frustrated and worried, such as when a family member hasn't come home even though it's late at night, or when, without any reason, your partner doesn't contact you. Other idioms with the same meaning include "애가 타다" ("for one's intestines to burn"), "가슴이 타다" ("for one's chest to burn"), "속이 썩다" ("for one's insides to rot"), and "속이 타 들어가다" ("for one's insides to burn up").

Examples

● 가뭄이 지속되면서 농부들의 **속이 타** 들어가고 있다.
As the drought continues, farmers are growing anxious.

● 경찰은 이번 사건을 수사하는 내내 **속이 탔다**.
The police officer was frustrated throughout the investigation.

딸

> 다녀왔습니다.
> I'm home.

아빠

> 아빠 **속 타는** 줄도 모르고 이 늦은 밤에 어디 갔다 이제 온 거니! 전화도 안 받고!
> Where have you been at this hour that you're just coming home now, without even realizing I've been worried sick!? And you didn't even pick up your phone!

딸

> 죄송해요. 집에 오는 길에 친구를 만나서 이야기하다가 늦었어요.
> I'm sorry. I met a friend on the way home and we were talking and it got late.

In K-POP

BTS 진격의 방탄
BOYNEXTDOOR Crying

K.will 미필적 고의
BOYFRIEND 너란 여자 (Obsession)

U-KNOW Eeny Meeny

32

손꼽아 기다리다

To wait counting on one's fingers

Track 032

Quiz !?

1 '손꼽아 기다리다'의 뜻은 무엇일까요?
What is the meaning of "손꼽아 기다리다"?

ⓐ 손가락으로 장난을 치다
ⓑ 다른 사람의 말을 집중하여 듣다
ⓒ 기대하거나 안타까운 마음으로 날짜를 세며 기다리다

2 '손꼽아 기다리다'와 비슷한 말은 무엇일까요?
What phrase has the same meaning as "손꼽아 기다리다"?

ⓐ 손사래를 치다
ⓑ 시치미를 떼다
ⓒ 목이 빠지게 기다리다

When you were young, did you ever count down the days one by one on your fingers as you waited for a birthday or holiday? This is when you can use the expression "손꼽아 기다리다." Here, "손꼽다" refers to the motion of counting numbers by bending your fingers one by one in order. This idiom means to be full of anticipation or excitement, counting the days one by one on your fingers as you wait. There are also idioms that express waiting using other body parts like your neck or eyes. First, "목이 빠지게 기다리다" (lit. "to wait as if one's neck will fall off") is an expression that exaggeratedly expresses the appearance of someone very eagerly and anxiously awaiting something, which you can imagine as someone waiting with their neck stretched out so far that it might fall off. Additionally, "눈이 빠지게 기다리다" (lit. "to wait as if one's eyes will fall out") means "to wait while staring at something for so long that your eyes might fall out."

Examples

● 대부분의 직장인은 월급날을 **손꼽아 기다리며** 열심히 일을 한다.
The majority of employees work hard while counting the days until payday on their fingers.

● 나이가 들면서 생일을 **손꼽아 기다리는** 마음이 점차 줄어든다.
As I get older, the feeling of eagerly anticipating my birthday gradually decreases.

나연
왜 자꾸 달력을 보고 있는 거야?
Why do you keep looking at the calendar?

시우
다음 주에 K-Pop 콘서트가 열리잖아. 이날만을 **손꼽아서 기다리고** 있어.
There's a K-Pop concert next week. I'm really looking forward to it.

나연
나도 가고 싶다.
I want to go too.

TAEYEON Happy (손꼽아 왔던)
Red Velvet 마지막 사랑
I.O.I 사랑해 기억해

MIYEON((G)I-DLE) TE AMO
EXO Christmas Day

GD&TOP High High
EXO Baby

33 시치미를 떼다

To take a name tag off a falcon

Track 033

Quiz !?

1 '시치미를 떼다'의 의미는 무엇일까요?

What is the meaning of "시치미를 떼다"?

ⓐ 증거를 없애다
ⓑ 남의 물건을 훔치다
ⓒ 자기가 한 일을 하지 않았다고 모른 척하다

2 '시치미'가 가리키는 것은 무엇일까요?

What does "시치미" refer to?

ⓐ 가격표
ⓑ 성적표
ⓒ 이름표

"시치미를 떼다" is an idiom derived from the name tags on falcons. Falconry, in which tamed falcons are used to catch pheasants or other birds, is a method of hunting with a long history that began during the Baekje kingdom. During the Goryeo Dynasty in particular, through the influence of the Mongols, falconry was so popular and interest in it was so high that there was a separate government office established for the taming and training of falcons. Because they had to go through training, the falcons used in falconry were very expensive, and as falconry became popular, people would attach name tags called "시치미" to the tails of their falcons to show their ownership. 시치미 is a thin, rectangular tag carved from a bull's horn upon which information including the falcon's name, breed, age, color, owner's name, etc. was written. So if people somehow caught a falcon and saw it had a 시치미 attached to it, they would see this tag and let the bird go. However, it sometimes occurred that someone would get greedy and remove the 시치미 and throw it away or replace it with one with their own name written on it. The idiom derived from this is "시치미를 떼다." In other words, it's a phrase that refers to trying to get out of something, pretending not to have done something that you did, or for people to pretend they don't know each other when they actually do.

Examples

● 그 범인은 자신이 한 일이 아니라고 **시치미를 뗐다.**
The criminal feigned innocence, saying that he hadn't done it.

● 당첨자는 상금을 친구와 나누기로 했지만 그런 약속을 한 적이 없다며 **시치미를 뗐다.**
The winner had said that he would share the prize with a friend, but he feigned ignorance, saying he had never made such a promise.

언니
> 어제 내 옷 입고 외출했어?
> Did you wear my clothes when you went out yesterday?

여동생
> 아니?
> No?

언니
> 어제 내가 입으려고 했는데 내 방을 아무리 찾아도 없던데? 시치미 떼지 마!
> I was planning to wear them yesterday, I couldn't find them anywhere in my room. Don't play innocent!

PENTAGON 감이오지   월하소년 I know you know   QWER 수수께끼 다이어리
YENA Love War   MINNIE((G)I-DLE) 타이밍

34

애가 타다

For one's intestines to burn

Track 034

Quiz **⁉**

1 '애가 타다'와 비슷한 의미의 말이 <u>아닌</u> 것은 무엇일까요?
Which phrase doesn't have the same meaning as "애가 타다"?

ⓐ 속이 타다
ⓑ 애가 마르다
ⓒ 가슴이 아프다

2 '애가 타다'는 어떤 상황에 쓰일까요?
In what situation is "애가 타다" used?

ⓐ 우울할 때
ⓑ 걱정이 될 때
ⓒ 기분이 좋을 때

When expressing nervousness, you say "애가 타다." The "애" in "애가 타다" means the intestines in your stomach, and "타다" is a word that refers to the appearance of a fire catching and spreading. "애가 타다" is a metaphorical expression for when you're deeply worried and distressed to the point that it feels like your intestines will burn up and melt away. Just like feelings of missing someone, longing for something, and waiting for something, nervous and anxious feelings are expressed with "애가 탄다" ("one's intestines are burning") or "애가 타다" ("for one's intestines to burn," written in the infinitive form). Phrases with a similar meaning to "애가 타다" include "속이 타다" (lit. "for one's insides to burn"), "속이 타 들어 간다" (lit. "one's insides are burning up"), "복장이 타다" (lit. "for one's chest to burn"), and "애가 마르다" (lit. "for one's intestines to be dry"). With "애가 타다," you can also use expressions like "애타게 기다리다" ("for one's intestines to burn in waiting," lit. "to anxiously await something").

Examples

● 봄이 되면 농부들은 **애타게** 비를 **기다린다.**
In spring, farmers anxiously await the rain.

● 코로나19로 인해 관광객이 줄어들면서 상인들은 **애가 탔다.**
As the number of tourists decreased due to COVID-19, merchants grew anxious.

지은
> 우리 내일 유리 생일 파티 하는 거 알고 있지?
> You know we're throwing a birthday party for Yuri tomorrow, right?

지훈
> 응, 그런데 내가 주문한 생일 선물이 아직도 도착하지 않아서 큰일이야.
> Yeah, but the birthday present I ordered for her still hasn't arrived yet so I'm in trouble.

지은
> 어떡하지? 배송 중이라면 취소를 못하니까 **애타게 기다리는** 수밖에 없잖아.
> What're we gonna do? You can't cancel the order if it's already shipped, so all you can do is wait anxiously.

In K-PoP ♪

BLACKPINK 마지막처럼	Girl's Generation Lion Heart	KANG DANIEL 2u
SEVENTEEN Shhh	THE BOYZ Wings	

35

약이 오르다

For one to be nettled

Track 035

Quiz !?

1 '약이 오르다'와 비슷한 의미를 가진 말은 무엇일까요?
What phrase has the same meaning as "약이 오르다"?

ⓐ 치료하다
ⓑ 존경하다
ⓒ 화가 나다

2 '약이 오르다'는 어떤 상황에 쓰일까요?
In what situation is "약이 오르다" used?

ⓐ 환자에게 두 손으로 약을 건넬 때
ⓑ 몸이 아픈 부모님을 병 간호를 할 때
ⓒ 동생이 누나의 약점을 말하며 은근히 놀릴 때

"약이 오르다" means that a plant has matured and its distinctive qualities have reached their peak. The "약" (lit. "strong properties") in "약이 오르다" means the spicy or bitter irritants or strong properties of plants like peppers or tobacco, and "오르다" refers to the state of a plant that has grown well in which these strong properties are at their highest. To refer to a pepper that has grown well and has a very spicy taste so that you feel the powerful spice burning your mouth even if you only take the tiniest bite, we say "약이 잘 오른 고추" (lit. "a pepper whose properties have grown well"). The meaning of "약," which used to refer only to plants like peppers, has been expanded to include human emotions and has also started to be used with the meaning of toxins spreading through one's whole body. That's why this idiom is often used when someone provokes you and you feel quite offended or angry. When someone intentionally and consistently provokes negative feelings in you, you say "약이 오르다" (lit. "strong properties are rising," meaning "for one's ire to rise") and when you do it to another party, you say "약을 올린다" (lit. "raising the strong properties," meaning "to get someone's ire up").

Examples

● 그 정치가는 상대방의 공격에 몹시 **약이 올라** 말실수를 하고 말았다.
The politician's ire rose at his opponent's attack and he ended up making a slip of the tongue.

● 장난 전화로 오랫동안 경찰을 **약 올린** 상습범이 드디어 잡혔다.
The repeat offender who irritated the police for a long time through prank phone calls was finally caught.

나연

오늘 기분이 안 좋아 보이네? 무슨 일 있어?
You look like you're in a bad mood today. Is something the matter?

영식

나는 당장 다음 주에 시험이 있어서 바쁜데, 동생이 모레 친구들이랑 제주도에 간다고 자랑하더라. 약 올라 죽겠어.
I'm busy because I have a test next week, but my little brother is bragging that he's going to Jeju Island with his friends the day after tomorrow. I'm seriously so annoyed.

나연

동생이 너무하네. 쉬지도 못하고 공부만 하는 형 마음도 모르고.
Your brother's taking it too far. He doesn't even understand the feelings of his big brother who can't even rest and is only studying.

K-PoP

Red Velvet Hit that drum
Block B BASTARZ Make It Rain

VIINI 짠해
B1A4 둘만 있으면

Sunmi Heart Burn

36

어깨가 무겁다

For one's shoulders to be heavy

Track 036

Quiz !?

1 '어깨가 무겁다'의 뜻은 무엇일까요?
What is the meaning of "어깨가 무겁다"?

ⓐ 피곤하다
ⓑ 큰 압박을 받다
ⓒ 등에 무거운 짐을 지다

2 '무겁다'의 반대말은 무엇일까요?
What is the opposite of "무겁다"?

ⓐ 가볍다
ⓑ 어렵다
ⓒ 부담스럽다

Since ancient times, people have naturally used their back (등) or shoulders (어깨) to carry heavy objects. However, when one takes total responsibility for something and shoulders it alone, it can put great pressure on their mind. This pressure is like a great burden on them, and so expressions that indicate responsibility often compare it to the appearance of something placed or carried on one's back or shoulders. In particular, in jobs in which you have to display your rank, such as a soldier or police officer, the badge with your rank is placed on your shoulder, and in these cases, shoulders symbolize responsibility or status. In this idiom as well, the word "어깨" means a part of a person that takes on a responsibility, expectation, burden, etc., and the description "무겁다" ("to be heavy") means that the pressure on one's mind is large. It's easy to understand if you imagine the appearance of someone struggling under the burden of a heavy load on their shoulders. Other idioms with the same meaning as this expression include "어깨를 짓누르다" ("to weigh on one's shoulders") and "어깨에 걸머지다" ("to carry something on one's shoulders"). On the contrary, when someone is free from responsibility or has a burden or sense of responsibility lifted from their mind, it's expressed as "어깨가 가볍다" (lit. "for one's shoulders to be light," meaning "a weight off one's shoulders").

Examples

● 퇴임한 장관은 신문사와 인터뷰에서 취임 순간부터 **어깨가 무거웠다**고 고백했다.

The retired minister confessed in the newspaper interview that he felt burdened with responsibility from the moment he was appointed.

● 그 선수는 이번 경기에서 골을 넣어야 한다는 부담감 때문에 **어깨가 무겁다**.

The player has a lot on his shoulders because of the burden of having to score a goal in this match.

기자

> 금메달 수상 진심으로 축하드려요! 짧게 소감 한 마디 부탁드려요.
>
> Congratulations on winning the gold medal! Please share a few words with us about your feelings.

선수

> 당연히 금메달을 딸 거라는 국민들의 기대 때문에 **어깨가 무거웠지만**, 끝까지 포기하지 않고 최선을 다해서 좋은 결과가 있었던 것 같습니다.
>
> I had a lot on my shoulders because the public expected that I'd win the gold medal, but I think the results were good because right through to the very end, I didn't give up and gave it my best.

Roy Kim Home
PSY 내 세상

Han Dong Geun After a day (하루끝엔 그대가 있어요)

37

오지랖이 넓다

For the front of one's clothes to be wide

Track 037

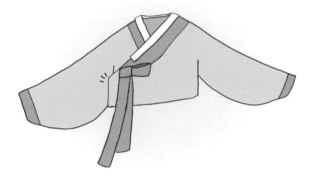

 Quiz !?

1 '오지랖이 넓다'의 뜻은 무엇일까요?
What is the meaning of "오지랖이 넓다"?

ⓐ 남의 일에 지나치게 참견하다
ⓑ 마음이 쉽게 이리저리 바뀌다
ⓒ 상대방이 하는 일을 몰래 훔쳐보다

2 '오지랖이 넓은 사람'을 의미하는 유행어는 무엇일까요?
What slang has the same meaning as "오지랖이 넓은 사람"?

ⓐ 오지라퍼
ⓑ 오지랖꾼
ⓒ 오지랖쟁이

We often encounter people meddling in the business of others even though it has nothing to do with them. If their meddling is helpful, we might be thankful, but if it isn't and, on the contrary, actually gets in the way, then people aren't going to like it. In cases where you tell off those who like to intervene in other people's business like this, the expression "오지랖이 넓다" is used. "오지랖" originally refers to the front of the top piece of a hanbok, the traditional costume of Korea. "오지랖이 넓다" means "the front part of one's clothes is wide," and if one's "오지랖" is wide, the width of the whole garment gets wider so that it looks like it could cover all manner of things. In this way, the expression "오지랖이 넓다" came to be used in situations where someone meddles in anything and everything, interfering where they aren't wanted. This idiom has an inherently negative meaning so it's best to be careful when using it.

Examples

● **오지랖이 넓은** 사람의 행동은 공감 능력이 부족해 나타나는 행동일 수도 있다.
A nosy person's behavior may occur due to a lack of empathy.

● **오지랖이 넓은** 사람들은 종종 타인의 기분을 상하게 만든다.
People who are nosy often cause offense to others.

지아

근데 말이야, 민수는 여자 친구랑 화해했을까?
By the way, do you think Minsu made up with his girlfriend?

시우

가끔 너는 **오지랖이** 너무 넓은 것 같아. 둘이 알아서 잘 해결할 거야.
I think you're too nosy sometimes. They'll figure it out on their own.

지아

그래도 걔들이 또 싸울까 봐 걱정돼.
Still, I'm worried that they might fight again.

In K-PoP ♪

iKON I'm OK	Heize SHE'S FINE
N.Flying Ask	Beenzino 어쩌라고

38

이를 악물다

To grit one's teeth

Track 038

Quiz ⁉

① '이를 악물다'의 뜻은 무엇일까요?
What is the meaning of "이를 악물다"?

ⓐ 매우 강인하고 힘이 세다
ⓑ 화가 나는 것을 참지 못하다
ⓒ 어려움을 극복하려고 결심하거나 꾹 참다

② '악물다'와 비슷한 말은 무엇일까요?
What other word has the same meaning as "악물다"?

ⓐ 꽉 물다
ⓑ 소리치다
ⓒ 넘어지다

The expression "이를 악물다" came from the appearance of someone enduring physical pain. Teeth are a very important part of the body because they are closely connected to eating habits, one of the three main necessities for human life. Additionally, teeth are the hardest part of a person's body. Perhaps this is why idioms related to teeth mainly express strength or firm will. "악물다" is used with the meaning of biting down with one's teeth with force when making a firm resolution or enduring something, and is usually used together with body parts like the teeth. "이를 악물다" expresses the appearance of someone forming extraordinary resolve in order to land on their feet after difficulties that are tough to endure, and has the meaning of overcoming a situation that is mentally very difficult and making an effort in order to reach a goal that you want to achieve. Out of our many teeth, our molars in particular are well known for being a symbol of hardness and sturdiness, and so the expression "어금니를 악물다" (lit. "to grit one's molars") is also used.

Examples

● 그는 그냥 포기하라는 감독의 말에 **이를 악물고** 노력하여 마침내 최고의 배우가 되었다.
Because he gritted his teeth and made an effort when he heard the director tell him to just give up, in the end, he became the greatest actor.

● 올림픽 우승자들은 **이를 악물고** 훈련을 이겨 낸 진정한 승자임에 틀림없다.
Olympic winners must be the true winner who grit their teeth and survive their training.

미경
이번에 유럽 여행 갔다 왔다고 들었는데, 여행 경비는 어떻게 마련했어?
I heard you came back from a trip to Europe. How did you come up with the travel expenses?

이준
돈을 모으려고 거의 2달 동안 **이 악물고** 일만 했어. 엄청 힘들었지만 그만큼 가치가 있었어.
I gritted my teeth and did nothing but work for almost 2 months in order to save money. It was really difficult but totally worth it.

미경
그렇구나. 다음에는 같이 가자.
I see. Let's go together next time.

In K-POP

Monday Kiz 사랑 못해, 남들 쉽게 다 하는 거
ZE:A CONTINUE
Verbal Jint Do What I Do

Stray Kids ZONE
INFINTE H Victorious Way
YUQI((G)I-DLE) 연극

39

족쇄를 채우다

To put shackles on

Track 039

Quiz !?

1 '족쇄를 채우다'의 뜻은 무엇일까요?
What is the meaning of "족쇄를 채우다"?

ⓐ 매듭을 지어 단단하게 하다
ⓑ 하고 싶은 일을 마음껏 하다
ⓒ 자유롭게 활동할 수 없게 만들다

2 '족쇄를 채우다'의 반대말은 무엇일까요?
What is the opposite of "족쇄를 채우다"?

ⓐ 족쇄를 풀다
ⓑ 족쇄를 만들다
ⓒ 족쇄를 걷어차다

Originally, "족쇄" ("shackles") refers to chains that are attached to a criminal's ankles. Unlike in the East, where prisoners were put in stocks when detained or transported, in the West, shackles were attached to their ankles. If you've been shackled, you can't move your body freely and thus can't run away. "족쇄를 채우다" doesn't mean to physically put shackles on someone's ankles, but rather to have an obstacle form when you are doing something, or to become unable to act freely. Contrary to this, in situations in which you become freed from oppression or restrictions, the expression "족쇄가 풀리다" ("for the shackles to be released") is used. In this way, in the modern day, putting on and releasing shackles symbolizes oppression and freedom.

Examples

● 과거에 저지른 그의 범죄가 다시 일자리를 찾는 데 족쇄가 되었다.
The crimes he committed in the past became shackles in his search for a job.

● 정부의 강력한 코로나 19 방역 정책은 여행 업계 전체에 족쇄를 채우고 말았다.
The government's strict COVID-19 quarantine policy ended up shackling the entire travel industry.

기자

최근 청소년들의 일탈 행위가 점점 심해지고 있는데,
이에 대해 어떻게 생각하시나요?
Recently, the deviant behavior of teenagers has been getting increasingly worse. What do you think about this issue?

교수

정말 안타깝게 생각합니다. 그 순간에는 멋있어 보인다고 생각할 수도
있지만, 결국 스스로에게 족쇄를 채우는 것입니다.
I think it's truly unfortunate. They might think in the moment that they look cool, but in the end, they're simply putting shackles on themselves.

기자

현재 하는 행동이 미래의 자신에게 해가 될 수 있다는 말씀이군요.
So you're saying that through their current behavior they could be harming their own futures.

BTS BTS Cypher PT. 2 : Triptych
HAN(Stray Kids) RUN

TXT New Rules
B.A.P Save me

40

쥐도 새도 모르게

Without a mouse or a bird realizing

Track 040

Quiz⁉

1 '쥐도 새도 모르게'의 뜻은 무엇일까요?
What is the meaning of "쥐도 새도 모르게"?

ⓐ 밤낮으로
ⓑ 모두가 알도록
ⓒ 아무도 알지 못하게

2 '모르게'의 기본형은 무엇일까요?
What is the base form of "모르게"?

ⓐ 모르다
ⓑ 모른다
ⓒ 몰으다

"쥐도 새도 모르게" means to behave or take care of something in a sneaky way so that nobody has any idea what you've done or where and when you did it. For a long time in Korea, messages or lessons about life have been delivered by comparison to the forms and characteristics of animals, so that not only adults but children as well could easily learn them. In Korea, mice have been regarded as a negative symbol that represents the night, and birds as a positive symbol that represents the day. Scientific principles are also hidden in this idiom. The properties of sound waves are such that they move from warm air toward cold air. So in the day, because the ground is warmed by the heat of the sun, sound travels up into the cold air in the sky, but at night, the ground cools off faster than the air and sound moves toward the ground. Because birds live in the sky and mice live on the ground, it's been believed that birds hear sounds that are heard during the day and mice hear sounds that are heard at night.

Examples

● 아이들은 쥐도 새도 모르게 사라져 끝내 집으로 돌아오지 못했다.
The children disappeared into thin air and never returned home.

● 환경 파괴의 주범들은 쥐도 새도 모르게 모두 자국으로 도피하였다.
The culprits in the environmental destruction fled back to their home country without a trace.

동생

언니! 거실에 있는 리모컨 못 봤어? 쥐도 새도 모르게 사라졌어.
Hey! Have you seen the remote control in the living room? It's vanished into thin air.

언니

TV 보고 소파 위에 뒀는데 없어?
I left it on the sofa after watching TV. It isn't there?

동생

소파뿐만 아니라 구석구석 다 찾아봤는데도 안 보여.
I've checked not just the sofa but every nook and cranny and I can't find it.

K-Pop

PENTAGON 저두요!! (just do it yo!!)
DooYoung (최서현) 욕조

Simon Dominic 니가 알던 내가 아냐 (19+)

41 직성이 풀리다

For one's star to be released

Track 041

Quiz⁉

1 '직성이 풀리다'의 뜻은 무엇일까요?
What is the meaning of "직성이 풀리다"?

ⓐ 코를 풀다
ⓑ 계획한 일들을 모두 끝내다
ⓒ 일이 자기가 원하는 대로 되어 흡족하다

2 '직성이 풀리다'와 비슷한 말은 무엇일까요?
What word has the same meaning as "직성이 풀리다"?

ⓐ 모자라다
ⓑ 만족하다
ⓒ 부족하다

94

"직성이 풀리다" means to take great satisfaction because something was stuck but then turned out the way you wanted it to. Since long ago, in Korea, people have deified or interpreted the stars or constellations in the sky, connecting them with people's destinies. In particular, the stars that determine an individual's destiny are called "직성," and it's believed that this destiny is determined depending on the changes to these stars. "직성" actually refers to 9 types of stars according to Korean folk beliefs (called 제웅직성, 토직성, 수직성, 금직성, 일직성, 화직성, 계도직성, 월직성, and 목직성). It was believed that when a person turned certain ages, these stars would come into position and their fortune was determined depending on the type of star. It was said that if an ominous star arrived, for one year, you would be unlucky, and in a year when an auspicious star arrived, the things you wished for would easily come true. Accordingly, "직성이 풀리다" means that something works out according to your innate temperament or the way you wish it to, and you are satisfied.

Examples

● 무슨 일이든 자신의 뜻대로 이루어져야 **직성이 풀리는** 사람들이 있다.

There are some people for whom everything has to go their way in order for them to feel satisfied.

● 모든 일을 직접 처리해야 **직성이 풀리는** 사람들은 남의 도움을 받기 힘들다.

People who have to directly deal with everything themselves for their star to be released(to feel satisfied) find it difficult to accept help from others.

엄마

지윤아, 엄마가 어두운 곳에서 핸드폰 보지 말라고 했지?
Jiyoon, didn't I tell you not to look at your cell phone in the dark?

딸

하지만 자기 전에 핸드폰을 해야 잠이 잘 오는 걸요.
But I have to look at my phone before bed in order to sleep well.

엄마

어두운 곳에서 핸드폰 해야만 **직성이 풀리니**? 차라리 불을 켜고 하렴.
You're only satisfied if you look at your phone in the dark? Better to turn on the light and do it.

PSY Life	CHANGBIN(Stray Kids) DOODLE	MUSHVENOM 가다
Weki Meki Cool	INFINITE 숨 좀 쉬자	

42

찬물을 끼얹다

To douse with cold water

Track 042

Quiz !?

1 '찬물을 끼얹다'와 비슷한 의미의 말이 <u>아닌</u> 것은 무엇일까요?
What phrase doesn't have the same meaning as "찬물을 끼얹다"?

ⓐ 방해하다
ⓑ 초를 치다
ⓒ 냉수를 들이키다

2 '찬물을 끼얹다'는 어떤 상황에 쓰일까요?
In what situation is "찬물을 끼얹다" used?

ⓐ 급한 일을 마무리할 때
ⓑ 화가 난 친구의 화를 식혀 줄 때
ⓒ 겨우 마무리되어 가고 있는 일을 망쳤을 때

The method of removing embers from burning firewood by pouring water onto the firewood has been passed down since ancient times. "찬물을 끼얹다" originates from the practice of using "찬물" ("cold water") to stop a fire. Around us, we can see people who habitually do things that disrupt a festive atmosphere or interrupt others. In these cases, the idiom that is used is "찬물을 끼얹다." Here, "찬물" symbolizes coolness or coldness, and also means to interrupt or stop something that is in progress. What's more, "찬물을 끼얹다" has a more precise meaning of suddenly dragging down the atmosphere than the expressions "찬물을 붓다" ("to pour cold water on") or "찬물을 뿌리다" ("to sprinkle cold water on"). "찬물을 끼얹다" is also an expression that emphasizes interference in cases where someone's excitement or something that was going well is intentionally destroyed.

Examples

● 장례식이 진행되는데 누군가 큰소리로 웃음을 터뜨려 **찬물을 끼얹어** 버렸다.
In the middle of the funeral someone burst loudly into laughter, hitting a sour note.

● 덕담을 나누는 자리에서 남을 흉보며 **찬물을 끼얹는** 사람들이 있다.
When sharing advice and well wishes, there are some people who put a damper on things by criticizing others instead.

나연

배우 이지은 나오는 최신 드라마 봤어? 내가 재미있게 보고 있는 드라마야.
Have you seen the new TV drama with the actress Lee Jieun? I'm enjoying it.

준서

당연하지. 그럼 주인공이 죽는 장면도 봤어?
Of course I have. Did you see the scene where the main character dies, too?

나연

에잇! 아직 거기까지는 못 봤는데 왜 **찬물을 끼얹어**!
Hey! I haven't seen that far yet, why are you throwing a wet blanket on everything!?

BTOB My Way   Block B Mental Breaker   GIRIBOY 호구

43

총대를 메다

To carry the gunstock

Track 043

 Quiz !?

1 '총대를 메다'의 뜻은 무엇일까요?
What is the meaning of "총대를 메다"?

ⓐ 사람들의 관심을 끌다
ⓑ 아무도 하기 싫어하는 일을 대표로 맡다
ⓒ 만약의 위험에 대비해 철저하게 준비를 하다

2 '메다'와 함께 쓸 수 있는 명사는 무엇일까요?
What noun can be used with "메다"?

ⓐ 배낭
ⓑ 빨래
ⓒ 목걸이

"총대를 메다" means to take on responsibility alone for something that isn't your job but rather belongs to all members of a group, but for which nobody else is willing to step up and take responsibility. There are various opinions about the origin of this idiom, but it's presumed to have come from daily life in the military in the past. The first western guns were introduced to Joseon at the time of the Japanese invasion of Korea (1592–1598). Afterwards, at the time of the 3-year-long Korean War, which began in 1950, circumstances were such that guns could not be provided to every soldier despite being part of personal equipment. Additionally, because guns were expensive equipment, they had to be handled with responsibility by a small number of soldiers or by specific people. What's more, because during battle, soldiers who carried a gunstock became the enemy's first target, they were placed in positions where they had to take risks. Therefore, the idiom "총대를 메다" came to be, which metaphorically expressed the image of someone taking the lead or taking responsibility for something. If someone steps forward and does something that nobody else in the group wants to do, that person is referred to as "총대를 멘 사람" (lit. "the person who carries the gunstock," meaning "the person who takes the lead").

Examples

- 어느 모임이든지 어려운 일에 총대를 메려고 나서는 사람은 반드시 있다.

  In any group, there is always someone who will come forward and take the lead in the face of difficulties.

- 사람들은 말단 직원이 회사를 위해 총대를 메고 감옥에 간 사실이 밝혀지자 분노했다.

  People were furious when the truth was revealed that a low-level employee shouldered the responsibility and went to jail for the sake of the company.

이준

> 요즘 회사 일이 너무 힘들고 스트레스 받아서 시간이 어떻게 가는지도 모르겠어.
> I'm having a hard time with work these days and I'm so stressed that I lose track of time.

성윤

> 무슨 일 있었어?
> Is something the matter?

이준

> 내가 총대를 메고 중요한 프로젝트를 진행하고 있는데 정말 힘들어.
> I'm carrying the ball and leading an important project, and it's really hard.

K-PoP

pH-1 etc. VVS   WON JAE WOO 폰
Dynamicduo 옥상에서   Hanhae 오버액션

44

탈을 쓰다

To wear a mask

Track 044

Quiz !?

1 '탈을 쓰다'의 뜻은 무엇일까요?
What is the meaning of "탈을 쓰다"?

ⓐ 표정이 풍부하다
ⓑ 다같이 놀이를 하다
ⓒ 속마음과 다른 행동을 하다

2 '탈을 쓰다'와 비슷한 말은 무엇일까요?
What phrase has the same meaning as "탈을 쓰다"?

ⓐ 머리를 쓰다
ⓑ 가면을 쓰다
ⓒ 신경을 쓰다

"탈을 쓰다" means "to act falsely on the outside, unlike your inner feelings" or "to resemble someone in appearance or action." A mask is an object made of paper, wood, or clay worn on the face to hide one's face or to change one's appearance. Since primeval times, masks have been used while conducting magic spells, and in Korea, various masks have been used in events to intimidate demons, chase off evil spirits, or call for good fortune. During the Joseon Dynasty, "탈춤" ("mask dances") – traditional outdoor performances in which performers would wear masks and mingle with the audience in one area – were popular, and in these times, masks were also an anonymous means of hiding your face and letting go of your regrets by saying things that you couldn't ordinarily say. In order to say what you want to say in this way without revealing your true character, there's no tool as useful as a mask. This idiom is also used with a negative meaning as "…한/의 탈을 쓰다," such as in "양의 탈을 쓴 늑대" (lit. "a wolf wearing the mask of a sheep," meaning "a wolf in sheep's clothing"), "인간의 탈을 쓴 악마" (lit. "a demon wearing the mask of a human," meaning "the devil incarnate"), etc.

Examples

● 정치가들이란 위선의 탈을 쓴 사람들이라고 생각한다.
I think that politicians are people wearing masks of hypocrisy.

● 그는 착한 사람처럼 보이지만 사실은 천사의 탈을 쓴 악마라는 소문이 있다.
He seems like a good person, but there are rumors that he's actually a devil wearing the mask of an angel.

아빠
> 어쩌다가 지갑을 잃어버렸니?
> How on earth did you lose your wallet?

딸
> 누가 저한테 길을 물어봤는데, 제가 대답해 주는 사이에 몰래 가져갔나 봐요.
> Someone asked me for directions and while I was answering them, they must have taken it without me noticing.

아빠
> 도와달라 해 놓고 도둑질을 하다니, 사람의 탈을 쓴 악마 같구나!
> To ask you for help and then steal from you, it sounds like the devil incarnate!

In K-PoP ♪

BIGBANG 우리 사랑하지 말아요
BTOB 나 빼고 다 늑대

MAMAMOO Mr. 애매모호
IVE Off The Record

NCT 127 Angel

45

통이 크다

For the size to be big

Track 045

Quiz !?

1 **'통이 크다'의 뜻은 무엇일까요?**
What is the meaning of "통이 크다"?

ⓐ 공간이 넉넉하다
ⓑ 사이즈가 맞지 않는 옷을 입다
ⓒ 마음 씀씀이나 하는 행동의 규모가 크다

2 **'통'과 결합할 수 없는 명사는 무엇일까요?**
Which noun can't be combined with "통"?

ⓐ 물
ⓑ 책
ⓒ 쓰레기

Generally, "통" refers to a bowl or container, and has the meaning of a quantity or size. In oriental medicine, the size of a "통" means "the size of one's stomach." Accordingly, while the phrase "통이 크다" ostensibly means that one's stomach is large, metaphorically, it's an idiom that emphasizes generosity, meaning to not be wrapped up in small affairs, or to not be absorbed in your own interests and to not focus on the distinction between what's yours and what is someone else's. "통" also has the figurative meaning of the size of one's heart. "통" refers to a person's generosity or spending, or the degree to which one's mind is broad or one is open-hearted. In Korea, when eating with aquaintences or friends, if someone has a special reason or occasion to celebrate, there's a culture of that person simply paying for everyone's meal, and when this happens, they'll say they're in a good mood today so "통 크게 한턱 쏠게" ("it's my treat, on me"). Therefore, "통이 크다" means you spend generously in this spirit and that you are kind and big-hearted.

Examples

● 성공한 사업가는 고향의 학생들을 위해 통 큰 기부를 결심했다.

The successful business owner made the decision to donate generously to the students in his hometown.

● 세상에는 유능한 사람은 많아도 통 큰 사람은 찾기 어렵다.

Even though there are many capable people in the world, it's difficult to find a generous person.

김 대리

어제 회식 계산은 누가 했나요?

Who paid for last night's work dinner?

박 대리

늘 그렇듯이 부장님께서 다 내셨습니다.

As always, the department manager paid for everything.

김 대리

아유, 역시 통이 크시네요.

Wow, the manager certainly is generous.

K-POP

MEENOI Da da!
Stray Kids Charmer

Dynamicduo 우리는 바보
GIRIBOY 후레자식

Swings 나는 자기 암시

46 퇴짜를 놓다/맞다

To mark/to be marked with the character for "reject"

Track 046

Quiz ⁉

1 '퇴짜를 놓다'와 비슷한 의미가 <u>아닌</u> 말은 무엇일까요?
Which word doesn't have the same meaning as "퇴짜를 놓다"?

ⓐ 물리치다
ⓑ 동의하다
ⓒ 거절하다

2 '퇴짜를 놓다'는 어떤 상황에 쓰일까요?
In what situation is "퇴짜를 놓다" used?

ⓐ 도망갈 때
ⓑ 일을 그만둘 때
ⓒ 제안을 거절할 때

In the Joseon Dynasty, the people didn't pay taxes with money but instead offered local specialties like fabrics or ginseng to the country. Taxes paid in this way were called "공납" ("tributary payments") and the items offered were called "공물" ("tributes" or "offerings"). When the people made tributary payments, an official called a "판적사" at the Ministry of Taxation (called "호조," an institution in charge of financial affairs) would strictly evaluate the quality of offerings and make a final decision about whether or not to accept them as tax. If the tribute didn't meet the regulations for quality or grade, they would refuse the item by marking it with the Chinese character 退 (prounounced "퇴"), which means "to reject," and have the item sent back. This led to the idiom "퇴짜를 놓다" also being used as an expression of rejection in general events or in personal transactions when people couldn't come to an agreement. "퇴짜를 놓다" means that you yourself reject something, and in contrast, "퇴짜를 맞다" means that you are rejected by someone else.

Examples

● 그 배우는 유명한 영화사가 캐스팅 제안을 해도 4년 넘게 **퇴짜 놓고** 있다.
Even though the actor has received casting offers from a famous movie studio, he's been turning them down for over 4 years.

● 위원회는 우리가 밤을 새워 기획한 제안서를 터무니없다면서 **퇴짜를 놓았다**.
The committee rejected the project proposal that took us all night, saying that it was ridiculous.

나연
지훈아, 기분이 안 좋아 보이는데 무슨 일 있었어?
Jihoon, you look upset. Is something the matter?

지훈
어제 내가 오랫동안 좋아했던 동료한테 고백을 했는데 **퇴짜 맞았어**.
알고 보니 다른 사람을 마음에 두고 있더라고.
Yesterday I confessed my feelings to a coworker whom I've liked for a long time, but she turned me down. I found out she has feelings for someone else.

나연
저런, 마음 아팠겠다. 다음에는 더 좋은 사람을 만날 수 있을 거야.
Oh no, you must feel hurt. You'll meet someone better next time.

ZICO another level   MAMAMOO 퇴짜   Swings 답답해 2014

47

트집을 잡다

To grab at a hole

Track 047

Quiz !?

1 '트집을 잡다'의 의미는 무엇일까요?
What is the meaning of "트집을 잡다"?

ⓐ 트림을 참다
ⓑ 무서운 벌레를 대신 잡아 주다
ⓒ 말도 안 되는 소리로 떼를 쓰다

2 '트집'은 어디에 생기는 것일까요?
Where does "트집" come from?

ⓐ 집
ⓑ 의류
ⓒ 자동차

When hats or clothing get worn out and old, or when a gap forms or something bursts, it's referred to as "트집" ("a hole"). In 19th century Korean literature, the word appeared as "틈집," but after this, the ㅁ at the end of the first syllable was dropped and the word took its current form of "트집." This idiom is derived from the fact that the job of a tailor of reparing a hole in a gat is called "트집을 잡다." A gat (갓) is a man's hat (a piece of traditional Korean clothing). During the Joseon Dynasty, when a man worked in a public office or if they were an aristocrat, they absolutely had to wear a gat when they went out. But because of the delicate nature of the materials that were used in these traditional hats, holes often formed and needed to be mended. This is because a gat is light-weight and could only be made out of materials in which holes or gaps easily formed. This idiom is used to mean bringing up a person's slightest flaws or deliberately creating flaws that don't exist.

Examples

● 모든 일에 **트집을 잡는** 사람은 어느 것에도 만족할 수 없다.
Those who find fault with everything cannot be satisfied with anything.

● 사람은 타인의 **트집을 잡기** 이전에 스스로 자신을 돌아보는 지혜가 필요하다.
One needs the wisdom to look back at oneself before finding fault in others.

아들

아빠, 저 누나랑 못 살겠어요.
Dad, I can't handle living with my older sister.

아빠

무슨 일이야?
What's wrong?

아들

누나가 작은 일로 **트집을 잡아서** 계속 잔소리해서 죽겠어요.
I'm going crazy because she nitpicks the smallest things and keeps nagging me.

2AM 가까이 있어서 몰랐어   Heechul 옛날 사람   So-Yeon ((G)I-DLE) 아이들 쏭

48

풀이 죽다

For the starch to give way

Track 048

❶ '풀이 죽다'의 뜻은 무엇일까요?
What is the meaning of "풀이 죽다"?

ⓐ 활기나 기운이 없어지다
ⓑ 할 일이 많아 정신없이 바쁘다
ⓒ 배가 고파 배에서 소리가 나다

❷ 다음 중 '풀이 죽다'를 사용할 수 없는 상황은 무엇일까요?
In which of the following situations can you not use "풀이 죽다"?

ⓐ 친구들과 비싼 음식을 먹으러 갔을 때
ⓑ 친구가 잘못한 일로 내가 선생님께 혼났을 때
ⓒ 자신 있는 과목의 시험에서 낮은 점수를 받았을 때

These days, starch ("풀" in Korean) is made out of chemical ingredients, but in the past, natural ingredients such as rice flour or wheat flour were used. In the past, starch was used to apply paper, such as traditional Korean mulberry paper, to walls, as well as to make fabric or clothing neat and stiff. These jobs were called "풀을 먹이다" (lit. "to feed something with starch") or "풀을 입히다" (lit. "to dress something with starch"). To starch something was very practical because it would make the clothing or fabric stiff and the cloth around one's collar or wrists would look polished, so clothing could be worn for a long time without wrinkling. The word "죽다" here doesn't mean simply to lose one's life or to stop living, but describes losing strength, like the starch in the stiff collar of a piece of clothing losing its stickiness. In this way, when expressing the tired appearance of someone who has lost hope and is sagging their shoulders like clothing losing its stiffness when the starch goes away, the person is described with "풀이 죽었다."

Examples

● 위생 논란으로 고객의 발길이 끊어지자 상인들이 **풀이 죽어** 맥이 풀려 버렸다.
When customers stopped coming due to the hygiene issue, merchants felt down and discouraged.

● 연습 경기에서 졌다고 **풀이 죽을** 필요는 없다.
There's no need to be crestfallen just because you lost a practice match.

오빠

은지야. 강아지가 왜 이렇게 **풀이 죽어** 있어?
Hey, Eunji. Why does the dog look so glum?

동생

모두 외출한 사이에 방을 엉망으로 만들어 놔서 혼냈더니 저렇네.
It's because he made a mess of the room while everyone was out and he was scolded for it.

오빠

앞으로 훈련을 잘 시켜야겠다.
We'll have to train him well from now on.

In K-Pop

BOL4 썸탈거야
AB6IX 앵콜

NCT DREAM 오르골
DAY6 Healer

Stray Kids District 9

49 학을 떼다

To get rid of malaria

Track 049

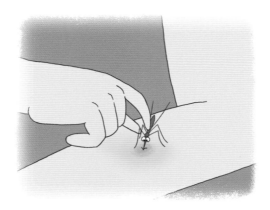

Quiz !?

1 '학을 떼다'의 뜻은 무엇일까요?
What is the meaning of "학을 떼다"?

ⓐ 미련을 떨쳐 버리다
ⓑ 꿈에 그리던 소원을 이루어 내다
ⓒ 어려운 상황을 벗어나느라 진땀을 빼다

2 '학을 떼다'에서 '학'은 무엇일까요?
What is the "학" in "학을 떼다"?

ⓐ 새
ⓑ 파리
ⓒ 모기

"학을 떼다" means to sweat or grow tired because one is trying to get away from something uncomfortable or seriously distressing. "학" in this idiom refers to "학질," the epidemic disease malaria that is carried by mosquitoes in the summer. Malaria was a common and frightening infectious disease during the Joseon Dynasty. Once someone caught malaria, they would have a high fever along with diarrhea, vomiting, and seizures, and chills would continue to occur at regular intervals. When you get a high fever, you sweat a lot, and at the time, people believed that it was only by sweating a lot that one could recover from a disease, so they would cover themselves in blankets and sweat. In the late Joseon Dynasty, while Dr. Horace Allen, a medical missionary from America, treated over the course of a year in 1885 in Jejungwon, the first Western medical institution in Korea, the report he recorded showed that the number of malaria patients was highest at that time. We can see from this that there was a great fear of malaria in the past.

Examples

● 환경미화원은 축제가 끝나자 쌓아 놓은 쓰레기들을 치우느라 학을 뗐다.
When the festival ended, the sanitation worker felt sick because he had to clean up the trash that had piled up.

● 아동 학대에 관한 기사를 보고 모두가 학을 뗐다.
Everyone felt sick when they saw the report about child abuse.

영식
있잖아, 나 이번에 또 운전면허 시험 떨어졌어.
Guess what, I failed my driving test again.

미경
벌써 3번째 시험 아니야?
Isn't this already your 3rd time?

영식
그러니까, 완전 학을 떼겠어.
I know, I'm so sick of it.

K-PoP

BTS MIC Drop
CRUCiAL STAR 나는 언제나 이제 시작일 뿐이었다

Keemhyoeun, Chaboom, EK 패
COOGIE Up & Down

50

허리띠를 졸라매다

To tighten one's belt

Track 050

Quiz !?

1 '허리띠를 졸라매다'의 뜻은 무엇일까요?
What is the meaning of "허리띠를 졸라매다"?

ⓐ 검소한 생활을 하다
ⓑ 불가능한 일에 끊임 없이 도전하다
ⓒ 맞지 않는 옷을 억지로 입으려 하다

2 '졸라매다'와 비슷한 말이 <u>아닌</u> 것은 무엇일까요?
What word doesn't mean the same thing as "졸라매다"?

ⓐ 묶다
ⓑ 풀다
ⓒ 조이다

The strap that wraps around your waist to prevent your pants from falling down is called a "허리띠" ("belt"). Tightening a belt also has the meanings of "hunger" and "patience." So "허리띠를 졸라매다" is an expression that comes from adjusting the length of one's belt according to one's hunger or fullness. This idiom has several meanings. First, it's used to describe a frugal life in which one slightly restricts one's living expenses or expenditures, or when depicting situations in which one needs to save money. In addition to this, it's also used when facing an economic crisis at the national level to encourage all citizens to overcome the crisis by saving money. "허리띠의 길이를 다시 조절하다" ("to re-adjust one's belt") is also one way of showing that one is renewing their determination in face of a new job. Therefore, the idiom "허리를 졸라매다" refers to deciding on one's work with new determination or strengthening a new resolution, as well as meaning "to endure hunger" ("배고픔을 참다").

Examples

● 제조 업체들은 금리 인상을 우려해 **허리띠를 졸라맸다**.
In fear of a rate hike, manufacturing companies tightened their belts.

● 지갑이 얇아진 청년들은 **허리띠를 졸라맸다**.
The young people whose wallets had grown thin tightened their belts.

아내

요즘 물가가 너무 올랐어. 양배추 한 포기에 5천 원이라니!
Prices have gone up too high these days! I cannot believe that it's 5,000 won for one head of cabbage!

남편

그러게⋯. 아이들이 여행 가고 싶다고 했는데 어떡하지?
I know…. And the kids said they wanted to go on a trip. What should we do?

아내

조금만 더 **허리띠 졸라매고** 지내자. 여유 생기면 그때 좋은 곳으로 가지 뭐.
Let's tighten our belts a little more. We'll go somewhere nice when we have a little more breathing room.

Block B Yesterday
Dynamicduo etc. 나 오늘

G-Dragon G-Dragon
BTS MAMA

PART 2

사자성어

Four-Character Idioms

51

경거망동 輕擧妄動
: 가볍고 망령되게 행동하다
To behave frivolously and foolishly

Track 051

Quiz !?

1 '경거망동'의 의미는 무엇일까요?
What is the meaning of "경거망동"?

ⓐ 바보짓을 하다
ⓑ 하고 싶은 대로 행동하다
ⓒ 도리나 사정을 생각하지 아니하고 경솔하게 행동하다

2 '경거망동을 하지 마라'라는 표현은 어떤 상황에서 쓸까요?
What expression has the same meaning as "경거망동"?

ⓐ 잘못한 일을 선생님께 숨길 때
ⓑ 도로에서 아무렇게나 운전할 때
ⓒ 친구가 약속에 두 시간 늦었을 때

Meaning & Origin

경(輕 to be frivolous) 거(擧 to move) 망(妄 to be foolish) 동(動 to move)

경거망동 refers to behaving carelessly without thinking deeply. This idiom is mainly used when warning or pointing out a person who is acting as they please without being careful. Like 경거망동, 오두방정 is also used to indicate someone behaving without caution or regard to circumstances. You can warn someone who is behaving improperly with phrases like "경거망동하지 말아!" or "오두방정 떨지 마!" ("Don't act foolishly!"). There are various opinions about the origin of 경거망동, but one that is considered reliable is that it derived from a book called "Han Feizi," a compilation of laws and ideas from China's Warring States period. In the Han Feizi, it is emphasized that the rise and fall of a country rests on the attitude or decisions of its king, and discusses 경거망동 by teaching that all of a country's important matters must be handled with care.

Examples

● 유명한 배우가 공식 석상에서 **경거망동**했다가 창피를 당했다.
The famous actor was embarrassed after behaving improperly at a public appearance.

● 우리 반 담임 선생님은 매우 사려 깊으셔서 그렇게 **경거망동**할 분이 아니다.
My class's teacher is very thoughtful and not the kind of person to behave foolishly.

지아

> 내일 시험인데 공부 많이 했어?
> The test is tomorrow. Have you studied a lot?

영식

> 나야 항상 시험 잘 보니까 열심히 할 필요가 없지.
> I always do well on tests so I don't need to work hard.

지아

> 너 그렇게 **경거망동**하다가 큰코다친다.
> You're going to get in trouble acting rashly like that.

pH-1 Closed Case
Super Junior 하얀 거짓말

ILLINIT etc. One Life
f(x) Me+U

52

고진감래 苦盡甘來
: 쓴 것이 다하면 단것이 온다

After all of the bitterness comes sweetness

Track 052

Quiz !?

1 '고진감래'의 의미는 무엇일까요?
What is the meaning of "고진감래"?

　ⓐ 인생은 씁쓸하다
　ⓑ 고생 끝에 낙이 오다
　ⓒ 단것이 쓴 것보다 낫다

2 '고진감래'는 언제 쓰는 말일까요?
When is "고진감래" used?

　ⓐ 물건이 고장 나서 새로 사야 할 때
　ⓑ 쓴 것을 먹고 난 후 단것이 먹고 싶을 때
　ⓒ 어렵게 입시 공부를 한 후 원하는 대학에 입학했을 때

고(苦 to be bitter) 진(盡 to run out of) 감(甘 to be sweet) 래(來 to come)

고진감래 first originated from an expression giving advice to matters of love between two lovers. It was used with the meaning that if you are suffering in order to be sure of your love and have it bear fruit, when you overcome this suffering, sweet joy will surely come. These words are included among the works by Wang Shifu, a writer from China's Yuan Dynasty: "I forgot to eat, neglected to sleep, vented heart's suffering; But if I had not endured it with a true heart and struggled through with sincerity, would it have been possible that from the bitterness of our love-longing such sweetness would come (고진감래)?" In Korea, this idiom is used to express wisdom in everyday life, well outside of the scope of love. Namely, 고진감래 is an expression that is used to encourage and cheer on people who are tired from difficult matters, with the meaning that if you are patient and endure difficult times, you will achieve good, sweet results.

Examples

● 올림픽에 참가하는 선수들은 **고진감래**를 되새기며 힘든 훈련을 견뎌냈다.
The athletes participating in the Olympics endured their difficult training, reflecting on the idea of "no pain, no gain."

● 과학자는 수십 차례에 걸친 실험의 실패를 딛고 마침내 성공하여 **고진감래**의 달콤함을 맛보았다.
After overcoming dozens of failures of the experiment, the scientist finally succeeded and tasted the sweetness that follows adversity.

시우

요즘 힘든 일이 너무 많아 괴로워.
I'm having a hard time lately because I'm going through so many difficult things.

나연

걱정 마! **고진감래**라는 말도 있잖아. 이 고비만 잘 참고 견디면 좋은 날이 올 거야.
Don't worry! They say that sunshine follows the rain. If you just hang on and make it through this trouble, good days are coming.

시우

고마워. 꼭 그렇게 되면 좋겠어.
Thanks. I hope you're right.

In K-PoP ♪

SURAN 1+1=0
Huh Yunjin (LE SSERAFIM) blessing in disguise

Drunken Tiger 백만 인의 콘서트
One Two 개과천선

53

금상첨화 錦上添花

: 비단 위에 꽃을 더한다

Adding flowers on top of silk

Track 053

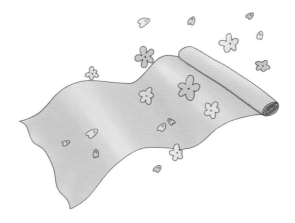

Quiz !?

1 '금상첨화'의 의미는 무엇일까요?

What is the meaning of "금상첨화"?

ⓐ 비단은 비싸다

ⓑ 좋은 일에 또 좋은 일이 겹치다

ⓒ 꽃은 모든 것을 더 아름답게 만들다

2 '금상첨화'는 어떤 상황에서 쓰일까요?

In what situation is "금상첨화" used?

ⓐ 아름다운 것을 보았을 때

ⓑ 어머니에게 좋은 꽃을 선물할 때

ⓒ 졸업 시험에 좋은 점수로 통과한 친구가 취업에 바로 성공했을 때

금 (錦 silk)　상 (上 on top)　첨 (添 to add)　화 (花 flower)

금상첨화, with the meaning of adding flowers on top of silk, means to add another good thing to something good that has already happened. Even today, silk is an expensive item, and flowers symbolize beauty. So how wonderful would it be to add flowers, the symbol of beauty, to precious silk? 금상첨화 was said to have come from "Impromptu Poem" by Wang Anshi, a writer and politician from China's Song Dynasty, in a verse which says, "Coming together at a pleasant meeting, I'll empty my cup of liquor again and again, and the beautiful music truly adds flowers to silk." However, its first appearance is in the "Zutang ji," a complilation of deep teachings of Zen from the Southern Tang Dynasty. 금상첨화 is used when describing a moment in which two or more good things overlap, occurring at the same time; for instance, you're happy just to have passed your college entrance exam, but on top of that, you get a scholarship, or when it's the day of a school trip and even the weather is sunny, etc.

Examples

● 오늘 수강한 여성학 강의는 유익한 데다가 재미도 있어서 **금상첨화**였다.
The women's studies lecture I attended today was both informative and enjoyable, which was icing on the cake.

● 그 연극배우는 연기도 잘하는데 춤과 노래 실력도 대단하니 **금상첨화**이다.
The theater performer is good at acting and his dancing and singing skills are amazing, which is the cherry on the cake.

성윤

오늘은 비도 오고 해서 해물파전을 한번 만들어 봤어요.
It's raining today so I tried making seafood pancakes.

시우

와, 정말 냄새가 좋네요. 막걸리까지 한잔 곁들이면 **금상첨화**겠어요.
Wow, they smell really amazing. If you add a cup of makgeolli, it'd be icing on the cake.

K-PoP

BewhY Celebration　　　　GARION 옛이야기
Molly.D TIME OFF　　　　Onesun 불나방

기고만장 氣高萬丈

54

: 기운이 만 길만큼 높이 솟다

For one's energy to rise to a height of 10,000 jang

Track 054

Quiz !?

1 '기고만장'의 의미는 무엇일까요?

What is the meaning of "기고만장"?

ⓐ 대박을 터뜨리다
ⓑ 좋은 성적을 받다
ⓒ 일이 뜻대로 잘되어 기운이 뻗치다

2 사람들은 언제 '기고만장'해질 수 있을까요?

When might a person become "기고만장"?

ⓐ 높은 빌딩 위에 올라갔을 때
ⓑ 과제를 제출할 기한을 넘겼을 때
ⓒ 어려운 시합에서 여러 번 우승했을 때

Meaning & Origin

기(氣 energy) 고(高 to be high) 만(萬 ten thousand) 장(丈 length)

기고만장 means for one's energy to extend to the height of 10,000 장 (jang). The jang in 기고만장 is a unit of measurement for length, and 1 jang is approximately 3 meters. Physically, 10,000 jang is just 30 kilometers, but metaphorically, it indicates a very long distance or tall height, so it's usually used to express that something is "very high" or "endless." 기고만장 means that someone's energy surges endlessly because they are very encouraged by their own abilities or achievements, or because they are seething with anger. It's used to describe the overly arrogant attitude of a person who brags about their success when everything goes their way, or to express the appearance of extreme anger. Sometimes, a person who has never experienced failure or is confident in everything can be very energetic despite facing a big problem without having properly prepared. In these instances, "기고만장한 사람" ("a person whose confidence has gone to their head") or "사람이 기고만장하다" ("everything has gone to their head") are used. In the present day, it's used to describe a person who acts however they wish because of their needless sense of pride, and is also used with the meaning of denigrating that person's arrogance and haughtiness.

Examples

● 작은 성공은 사람을 기고만장하게 하여 큰일을 그르치게 하기도 한다.
A small success can go to a person's head and even cause them to make a big mistake.

● 우리 축구팀은 예상을 뒤엎고 월드컵 4강에 진출했지만 기고만장하여 경기를 제대로 대비하지 못했다.
Our soccer team went against expectations and advanced to the semi-finals of the World Cup, but it went to their head and they were unable to properly prepare for the game.

이준
어제 민서와 탁구 시합했다며, 누가 이겼어?
I heard you played a match of table tennis with Minseo yesterday. Who won?

미경
내가 이겼지! 이제 나한테 맞설 사람은 아무도 없어!
Of course I won! Now there's nobody who can win against me!

이준
쳇, 한 번 이겼다고 기고만장하지 마라!
Pfft, don't let it go to your head just because you won once!

Gaeko 화장 지웠어   AB6IX HOLLYWOOD   PSY 난장 Blues
Jay Park BO$$ PSY lady

55 노심초사 勞心焦思
: 몹시 마음을 쓰며 애를 태우다

To be so concerned with something that one burns with worry

Track 055

Quiz !?

1 '노심초사'의 의미는 무엇일까요?

What is the meaning of "노심초사"?

ⓐ 이별을 슬퍼하다
ⓑ 마음을 단단히 먹다
ⓒ 애쓰면서 속을 태우다

2 '노심초사'는 어떤 상황에서 쓰일까요?

In what situation is "노심초사" used?

ⓐ 맛있는 식사 후 배가 부를 때
ⓑ 어려운 시험 결과가 잘 나와 마음이 놓일 때
ⓒ 맘에 드는 상대방의 핸드폰 번호를 물어볼까 말까 고민할 때

124

노 (勞 **to make an effort**)　심(心 **mind, heart**)　초(焦 **to burn up**)　사(思 **thoughts**)

노심초사 means that you are burning up inside because your heart is very concerned about something. 노심초사 is used to express feelings of anxiety over the idea that as you're doing something, something might go wrong, or that you won't know what to do if something doesn't come to fruition. Made up of "노심" and "초사," the phrase "노심초사" appears in the historical Chinese book "Shiji" ("Records of the Grand Historian") to indicate being troubled in mind and body with anxiety and worry. Ever since 노심초사 was quoted in the poems "Two Odes on Reminiscing" by Tang Dynasty poet Du Fu, this idiom became discussed by many as a symbol of anxiety and worry. 노심초사 can be used not just with small matters in a person's daily life, but also widely, by men and women of all ages. Among the handwritten works left behind by An Jung-geun, who was a symbol of Korean independence during the Japanese colonial period, you can also find the expression "국가안위 노심초사" ("burning with worry for the safety of the nation"). In this way, 노심초사 can be used when expressing the feelings of a patriot thinking about the future of a nation, or the feelings of parents concerned about the future of their child.

Examples

● 정부는 엔데믹 발표 후에도 알 수 없는 변종 사례가 나타날까 노심초사하고 있다.

Even after announcing the move to the endemic stage, the government is filled with concern that cases of unknown variants of the disease might appear.

● 모든 어머니들은 자녀들의 앞날을 걱정하며 늘 노심초사한다.

All mothers worry about their children's futures and are always filled with concern.

지은

아직도 수술 결과를 알 수 없어?
You still don't know the results of the surgery?

시우

응, 지금 노심초사하며 결과를 기다리고 있어.
No, I'm burning up with worry right now waiting for the results.

지은

너무 걱정하지 마. 분명히 좋은 결과가 나올 거야.
Don't worry too much. You'll definitely get good results.

Block B Shall We Dance　　　　　Buga Kingz 싸이렌　　　　KIRIN MARGARITA
Pinodyne 쓰다　　　　　　　　　DAVII etc. 바보

대기만성 大器晚成

: 큰 그릇은 늦게 완성된다

For a large bowl to be completed late

Track 056

Quiz !?

① '대기만성'의 의미는 무엇일까요?

What is the meaning of "대기만성"?

ⓐ 도예는 많은 노력을 필요로 하다

ⓑ 밥 먹을 때는 큰 그릇에 천천히 먹어야 하다

ⓒ 성공한 사람이 되려면 많은 노력과 시간이 필요하다

② '대기만성'은 어떤 상황에서 쓰일까요?

In what situation is "대기만성" used?

ⓐ 설거지를 할 때

ⓑ 뒤늦게 성공한 사람을 묘사할 때

ⓒ 자신의 부족한 도예 솜씨에 좌절할 때

대**(大 to be large)** 기**(器 bowl)** 만**(晩 to be late)** 성**(成 to accomplish)**

대기만성, with the meaning of it taking a long time to make a large bowl, is a phrase that emphasizes that time and effort of perserverence are required to produce a person of greatness. When an athlete or artist goes through a long period of being unknown and then finally succeeds and becomes famous, they are said to be a 대기만성-type of person ("a late bloomer"). In this way, 대기만성 contains the moral that you need to have patience and calmly prepare step by step to move toward your goal. This phrase first appeared in Laozi's "Tao Te Ching," and afterwards came to take the meaning it has today through an anecdote about Cui Yan and Cui Lin from China's Wei Dynasty. It's derived from the anecdote of General Cui Yan, who had already succeeded and whose name was widely known, comforting his cousin Cui Lin, who had been unable to secure a government position and hungered for success, saying, "Just as a large bell or pot cannot be made quickly, a great person also takes a long time to achieve success, and you, Cui Lin, will slowly find yours."

Examples

● 오랜 연구 끝에 새로운 나노 기술을 발전시킨 과학자의 이야기는 대기만성 이야기의 전형이다.

The story of a scientist who developed new nanotechnology after a long period of research is the epitome of a story of slow success.

● 그 가수는 오랜 무명 생활 끝에 TV 오디션 프로그램을 통해 대중들에게 알려져 대기만성형이라는 평가를 받게 되었다.

At the end of a long life of anonymity, the singer became known to the public through a TV audition program and is being evaluated as a late bloomer.

영식

이번 올림픽 100미터 육상 경기 금메달리스트는 초등학교 때 늘 성적이 부진했었대.

The gold medalist in the 100 meters track event at this Olympics always had poor grades in elementary school.

성윤

그러게 말이야, 그 선수야 말로 대기만성형이네.

Yeah, well, he's a late bloomer.

PENTAGON 에일리언
Verbal Jint 원숭이띠 미혼남

Mad Clown 노력의 천재
Ukulele Picnic 몸에 좋은 생각

배은망덕 背恩忘德

: 남에게 입은 은덕을 잊고 배반하다

To forget and betray the favor you received from someone

Track 057

Quiz⁉

1 '배은망덕'의 의미는 무엇일까요?

What is the meaning of "배은망덕"?

ⓐ 친한 친구와 싸우다
ⓑ 친절한 사람을 싫어하다
ⓒ 남에게 입은 은혜를 잊고 배신하다

2 '배은망덕'은 어떤 상황에서 쓰일까요?

In what situation is "배은망덕" used?

ⓐ 반려동물을 잘 돌보지 않는 사람을 지칭할 때
ⓑ 어제 배운 단어를 하나도 기억하지 못하는 학생을 지칭할 때
ⓒ 대학 학비를 대준 삼촌의 집에서 보석을 훔친 조카를 지칭할 때

배(背 to betray)　은(恩 favor)　망(忘 to forget)　덕(德 virtue)

배은망덕 refers to an act of betrayal in which you throw away your loyalty and forget a favor done to you. In the Joseon Dynasty, to never forget and always repay a favor was considered one of the virtues that was required from a scholar who was devoted to learning and preparing to enter public service. Even in the present day, young students are taught this virtue at school or at home. When someone betrays one person else without repaying their kindness, the expression, "How can this be! So you repay kindness with revenge, you ungrateful (배은망덕한) wretch!" can be used. In this way, it's said that the biggest injury a person can suffer from colliding with another is ungratefulness (배은망덕).

Examples

● 예로부터 배은망덕을 저지른 사람은 상대하지 않았다.

Since long ago, people have avoided dealing with those who committed ingratitude.

● 먹여 주고 재워 주고 일자리까지 제공한 가게 사장님의 금고를 턴 배은망덕한 종업원이 경찰에 의해 붙잡혔다.

The ungrateful employee, who robbed the store owner's safe despite being fed, given a place to sleep, and provided a job, was caught by police.

이준

사업 성공했다는 소식 들었어. 축하해! 드디어 부모님께 은혜를 갚을 수 있겠구나.

I heard that your business is a success. Congratulations! Guess you can finally pay your parents back for their kindness.

나연

내가 잘해서 성공한 거지, 나는 부모님한테 받은 것이 전혀 없어.

I succeeded because I did well. I didn't get a thing from my parents.

이준

너 정말 배은망덕하구나. 키워 주신 건 은혜가 아니니?

You're really ungrateful. Shouldn't you be grateful to them for raising you?

K-POP

DOK2 111%
Swings 몰라?

nafla run!
BewhY Bichael Yackson

Nucksal 얼굴 붉히지 말자구요
Geeks 숨이차

백발백중 百發百中
: 백 번 쏘아 백 번 맞히다
To shoot 100 times and hit 100 times

58

Track 058

100 번째

Quiz !?

1 **'백발백중'의 의미는 무엇일까요?**
What is the meaning of "백발백중"?

ⓐ 대박을 터뜨리려고 하다
ⓑ 모든 일이 계획대로 진행되다
ⓒ 활 쏘는 데만 정신을 집중하다

2 **다음 중 '백발백중'이라는 표현이 잘 어울리는 스포츠는 무엇일까요?**
Which of the following sports does the expression "백발백중" go well with?

ⓐ 승마
ⓑ 양궁
ⓒ 스쿼시

백(百 hundred) 발(發 to shoot) 백(百 hundred) 중(中 to hit (a target))

With the meaning of shooting 100 times and hitting every single time, 백발백중 is an expression derived from archery. The representative example is an anecdote describing the archery skills of the active Yang Youji from China's Warring States period. In the East, many stories related to archery practice have been recorded in ancient literature or passed down and transmitted as myths and legends. The 백 in 백발백중 means "100 times", or in other words, "all," and "중" means to hit the center. Therefore, 백발백중, with the meaning of all of the arrows that were shot hit the target, connotes that everything that was predicted was achieved successfully. In the present day, it's used to mean that things that were planned come true, with perfect accuracy.

Examples

● 유명한 펭귄 캐릭터로 된 선물은 **백발백중**으로 너덧 살 아이들의 마음을 사로잡았다.

The gift of a famous penguin character is capturing the hearts of four- and five-year-old children with unerring precision.

● 퀴즈 쇼에 참가한 출연자가 문제를 모두 맞히자 **백발백중**이라는 명성을 얻었다.

When the contestant on the quiz show got all the questions right, he gained the reputation of having perfect accuracy.

시우

어제 본 면접 어땠어?
How was the interview you had yesterday?

미경

응, **백발백중**으로 준비한 질문만 나왔어. 이번에는 꼭 합격할 것 같아.
The only questions I got were ones I prepared. I think I'm definitely going to pass this time.

시우

넌 어쩌면 그렇게 항상 자신감이 넘치니! 부럽다.
How can you always have so much confidence? I'm jealous.

SHINee LUCIFER   Jay Park NOWHERE   HAHA 신화송
Super Junior D&E 촉이 와 can you feel it   Dynamicduo 사랑하면 버려야 할 아까운 것들

59

백전백승 百戰百勝
: 백 번 싸워 백 번 이기다

To fight 100 times and win 100 times

Track 059

Quiz⁉

1 '백전백승'의 의미는 무엇일까요?
What is the meaning of "백전백승"?

ⓐ 대망을 품다
ⓑ 싸울 때마다 매번 이기다
ⓒ 모든 일이 계획과 다르게 진행되다

2 경기에 나설 때마다 백전백승인 선수의 승률은 어떻게 될까요?
What is the rate of wins for an athlete who does "백전백승" at every game?

ⓐ 50%
ⓑ 75%
ⓒ 100%

Meaning & Origin

백(百 hundred) 전(戰 to fight) 백(百 hundred) 승(勝 to win)

백전백승, with the meaning of fighting 100 times and winning all 100 times, means that you'll definitely win, no matter the fight. This expression, which is widely used even in the present day, became famous as a line from "The Art of War," a treatise by the tactician Sun Tzu, who came from the Qi State during China's Warring States period. "The Art of War" is a book that is in the limelight in the East and West alike as a treatise on military tactics and the art of living. In terms of war, the genius strategist Sun Tzu emphasized that war is not the best way to bring your enemy to their knees, claiming that rather than winning in a war in which both armies fight and destroy one another, the greatest plan is a strategy that brings your enemy to their knees without even fighting at all. Sun Tzu is also famous for emphasizing that in order to become undefeatable (백전백승), you must first know yourself and your enemy (지피지기). When cheering on people before a big game or match, the words, "If you've done a good analysis of yourself and your opponent, you can win" are used to give courage.

Examples

● 금융 전문가들은 **백전백승**을 목표로 공격적인 투자 방향을 설정했다.

The financial experts set an aggressive investment strategy with the goal of winning every single time.

● 운동선수들은 **백전백승**한다는 마음으로 매일매일 훈련에 임한다.

Athletes train every single day with the mindset of winning every game.

이준

이번 축구 시합은 우리 반이랑 옆 반이랑 붙는대.

They say our class is up against the class next door in the soccer game this time.

미경

큰일이네. 옆 반은 언제나 **백전백승**인데.

We're in trouble. The class next door wins every single time.

이준

걱정이야, 하지만 전략을 잘 짜고 매일 연습하면서 착실하게 준비해 보자.

I'm worried too, but let's try to prepare steadily by setting a good strategy and practicing every day.

Young Ji Lee 암실
PENTAGON 신토불이

KHAN etc. UH HUH
KIM YOHAN BAD

사필귀정 事必歸正
: 모든 일은 반드시 바른 길로 돌아간다
Everything will certainly return to the proper path

60

Track 060

Quiz !?

1 '사필귀정'의 의미는 무엇일까요?
What is the meaning of "사필귀정"?

ⓐ 남에게 한 대로 되받다
ⓑ 가는 말이 고와야 오는 말이 곱다
ⓒ 처음에는 그릇된 방향으로 나가더라도, 결국 일은 바르게 돌아가다

2 '사필귀정'과 비슷한 표현은 무엇일까요?
What expression is similar to "사필귀정"?

ⓐ 뿌린 대로 거두다
ⓑ 다 된 죽에 코 빠뜨리다
ⓒ 호랑이도 제 말하면 오다

사(事 thing, matter) 필(必 certainly) 귀(歸 to return) 정(正 to be proper/correct)

사필귀정, with the meaning that "everything is bound to return to the proper path," means that even things that are wrong will eventually turn back to go in the right direction. Meaning that justice ultimately prevails, 사필귀정 contains the moral that in every action, one should behave carefully and properly. When someone who caused social issues is punished or when a highly notorious criminal is arrested, 사필귀정 often appears in the titles of newspaper articles or statements issued by groups in relation to the incident. 사필귀정 doesn't appear in ancient Chinese literature, and seeing as it frequently appears in Korean diplomatic documents or newspaper articles from the early 1900s, it's inferred that it originated as an independently occurring expression in Korea.

Examples

● 그는 **사필귀정**이라는 말을 늘 염두에 두고 정직하게 살아간다.
He keeps the phrase "the truth always wins" in his mind at all times and lives honestly.

● 억울하게 옥살이를 한 주인공이 마침내 무죄를 선고 받고 누명을 벗으면서 이 영화의 결말이 **사필귀정**으로 끝난다.
The movie's ending concludes with justice prevailing, as the unfairly imprisoned main character finally receives a verdict of not guilty and clears herself of a false charge.

영식

> 방송 봤지? 잘못은 더 이상 숨길 수 없나 봐, 모두 다 밝혀졌어.
> You saw the broadcast, right? Seems they can't hide their faults anymore, everything was revealed.

나연

> 결국 **사필귀정**이야. 모든 일은 원래대로 돌아가거든.
> The truth always wins in the end. Everything goes back to the way it should be.

영식

> 맞아. 요즘 사람들은 그 말을 잊고 사는 것 같아.
> That's right. People these days seem to have forgotten that phrase.

BTS Mic Drop
Jung Barkja 상남자니까

Weller 새것
Layone 진검승부

안하무인 眼下無人
: 눈 아래에 사람이 없다
Below one's eyes, nobody exists

61

Track 061

Quiz⁉

1 '안하무인'의 의미는 무엇일까요?
What is the meaning of "안하무인"?

ⓐ 눈이 안 좋다
ⓑ 하늘만 보는 몽상가
ⓒ 주변 사람을 무시하고 함부로 대하다

2 어떤 사람을 보고 '안하무인'이라고 말할 수 있을까요?
What kind of person can be described as "안하무인"?

ⓐ 원하는 대로 일이 잘 풀려서 만족해 하는 사람
ⓑ 다른 사람의 일을 함께 걱정하며 불안해하는 사람
ⓒ 다른 사람을 무시하면서 자신은 잘났다고 생각하는 사람

안(眼 eyes) 하(下 under) 무(無 to not exist) 인(人 person)

안하무인, meaning that "people who are below one's eye level do not exist," indicates a person who ignores others or acts shamelessly and carelessly, without manners. This phrase can be found in the second volume of "Surprising Stories to Make One Slap the Desk," a collection of short stories written during China's Ming Dynasty by Ling Mengchu. A couple who belatedly came to have a long-desired child doted on their son so much that they gave him everything he wanted and were unable to raise him strictly. When this child became an adult, he continued to live a life of debauchery, drinking and gambling away money, and treating everyone around him with disdain. 안하무인 derives from the anecdote of this couple, who watched as their son refused to listen no matter how they reasoned with him, and regretted having raised him wrong, lamenting, "We raised our son wrong and he became a fool who acts like anyone below him doesn't exist."

Examples

● 사람은 돈을 벌거나 높은 지위에 오르면 **안하무인**으로 주변 사람을 대하는 경우를 종종 볼 수 있다.
You can frequently see cases of someone earning money or ascending to a high position and treating the people around them as if they were insignificant.

● 어느 조직에서든지 **안하무인**으로 행동하는 사람은 살아남지 못한다.
In any organization, a person who acts with disdain cannot last long.

시우

젊은 사람이 부장으로 승진하더니 눈에 보이는 게 없나 봐, 무척 건방지네.
A young person was promoted to manager and now it's like he doesn't see anything. It's incredibly rude.

미경

정말 아무에게나 반말이야. 안하무인이네.
He speaks informally to everyone. He's so haughty.

시우

저러다 큰코다칠까 걱정이야.
I'm worried that he's going to pay dearly for acting like that.

G-Dragon 세상을 흔들어   B.I Alive   PSY Power

약육강식 弱肉強食

62

: 약자의 살은 강자의 먹이가 된다

The flesh of the weak becomes the food of the strong

Track 062

Quiz !?

1 '약육강식'의 의미는 무엇일까요?

What is the meaning of "약육강식"?

ⓐ 강한 자들만 살아남다
ⓑ 강한 자들은 위험하다
ⓒ 육체가 강해지려면 고기를 먹어야 하다

2 '약육강식'은 어떤 상황에서 쓰일까요?

In what situation is "약육강식" used?

ⓐ 식습관에 대해 이야기할 때
ⓑ 불공평한 사회 구조를 비판할 때
ⓒ 위험한 상황에 대해 이야기할 때

약(弱 to be weak) 육(肉 meat) 강(強 to be strong) 식(食 to eat)

약육강식, with the meaning that the flesh of the weak becomes food for the strong, means that the weak are ruled by the strong and cannot survive in a competitive society, merely serving as prey for the strong. 약육강식 symbolically expresses a heartless and barren competitive society that has lost its humanity. This phrase is known to have first been used by Han Yu, a famous writer from China's Tang Dynasty. In his passage "Valedictory Preface for Monk Wenchang," Han Yu wrote that through Confucian teachings, people were able to escape the level of animals, who lived by the law of the jungle (약육강식). As the basic order of the natural world, 약육강식 isn't only used in relation to strong and weak animals, but is also serves as a metaphoric expression for the harsh reality of international relations.

Examples

● 19세기 제국주의 시대의 국제 질서는 **약육강식**이 지배하는 세계였다.

In the age of imperialism in the 19th century, the international order was a world ruled by the law of the jungle.

● 동물의 세계는 여전히 **약육강식**의 법칙이 적용된다.

In the world of the animals, the law of survival of the fittest still applies.

이준

너무 힘들어. 경쟁이 없는 사회에서 살고 싶어!
This is so hard. I want to live in a society without competition!

미경

나도 찬성이야. 하지만 **약육강식**이 없는 평화로운 세계가 있을까?
I agree. But is there a peaceful world where survival of the fittest doesn't exist?

이준

맞아, 그건 이상에 불과해!
You're right, that's just an ideal!

BTS N.O	Super M 호랑이	ZICO 날
B.A.P WHAT THE HELL	HAHA 공백	Stray Kids WOLFGANG
ASTRO 내 멋대로	PSY 성공의 어머니	

63

오매불망 寤寐不忘

: 자나 깨나 잊지 못하다

To be unable to forget while asleep or awake

Track 063

Quiz !?

① '오매불망'의 의미는 무엇일까요?

What is the meaning of "오매불망"?

ⓐ 기억력이 좋다

ⓑ 무서운 것이 안 잊어지다

ⓒ 누군가를 간절히 그리워하다

② '오매불망'은 어떤 상황에서 쓰일까요?

In what situation is "오매불망" used?

ⓐ 큰 실패를 경험하고 절망할 때

ⓑ 숙제를 안 해서 학교에 가기 싫을 때

ⓒ 사랑하는 사람이 그리워서 잠이 안 올 때

오(寤 to wake from sleep) 매(寐 to sleep) 불(不 not) 망(忘 to forget)

오매불망 means that there's something you can't forget, whether you're asleep or awake. 오매불망 is an expression that appears in a poem called "Fishhawk" from the start of the "Classic of Poetry," a compilation of ancient Chinese prose. Originally, this phrase described the appearance of a person tossing and turning, unable to sleep, because of his longing for a beautiful woman, but today, it's become widely used in daily life as well, as a metaphor for being unable to sleep because of having many worries and concerns. In particular, 오매불망 is used to describe the state of being unable to forget about someone close to you, and is also used when describing feelings of worry and longing for someone you consider precious to you because you're far apart.

Examples

- 집에 혼자 남겨진 반려동물은 주인이 돌아오기만을 **오매불망** 기다린다.
  A pet left home alone waits longingly for its owner to return.

- 반복되는 일상에 지친 직장인들은 **오매불망** 연휴가 오기만을 기다린다.
  Workers who are tired of their repetitive daily routine wait day and night for the holidays.

지은

유학을 마치고 귀국이 코앞인데 기분이 좀 어때요?
You finished your studies abroad and are about to go back home. How are you feeling?

준서

섭섭하기도 한데, 오매불망 그리던 부모님을 곧 뵐 걸 생각하니 행복해요!
I'm sad, but when I think about how I'll see my parents soon, who I missed day and night, I'm happy!

지은

그렇군요. 부모님이 더 좋아하시겠어요.
I see. Your parents must be even happier.

ONEUS 월하미인 (Luna)　　　ONEUS 두 눈 빠지도록 (Firebomb)　　　BTOB Anymore
Leellamarz 너무해　　　MAMAMOO 나쁜놈

141

64 우유부단 優柔不斷

: 너무 부드러워 맺거나 끊지 못하다

To be so soft that one can't make a decision

Track 064

Quiz !?

1 '우유부단'의 의미는 무엇일까요?

What is the meaning of "우유부단"?

ⓐ 너무 교활하다

ⓑ 상황이 너무 복잡하여 해결이 안 되다

ⓒ 망설이기만 하고 결정을 내리지 못하다

2 '우유부단'은 어떤 상황에서 쓰일까요?

In what situation is "우유부단" used?

ⓐ 가위질이 잘 될 때

ⓑ 옷의 부드러움을 칭찬할 때

ⓒ 결단력이 없는 행동을 비판할 때

우(優 to be ample) 유(柔 to be ample) 부(不 not) 단(斷 to cut off)

우유부단, with the meaning of being hesitant and indecisive, describes a person, mind, or condition that wavers too much and cannot make a decision. In the historical "Book of Han" from China's Former Han Dynasty, 우유부단 was used when describing the emperor's mild-mannered temperament and also as a negative expression for his lack of determination. 우유부단 was therefore used to mean having a weak mind and being unable to make decisions. Nowadays, it's often used in a negative sense to describe a situation or a person who lacks determination.

Examples

● 회사 대표의 **우유부단**함으로 그 회사는 1분기에 엄청난 손실을 보았다.
Due to the indecisiveness of the CEO, the company saw huge losses in the first quarter.

● **우유부단**한 판단은 진취적인 계획을 실행하는 데 종종 발목을 잡기도 한다.
Indecisive judgment often hinders the implementation of promising plans.

나연
> 오늘 저녁으로 뭘 먹으면 좋을까?
> What should we have for dinner tonight?

준서
> 떡볶이도 먹고 싶고, 갈비도 안 먹은 지 오래됐고, 비빔밥도 괜찮을 듯하네.
> I want tteokbokki, but it's also been a long time since I had ribs, and bibimbap sounds good too.

나연
> 빨리 정해. 네 **우유부단**한 성격 때문에 배고파서 못 참겠어.
> Hurry up and choose. I'm so hungry because of your wishy-washy personality that I can't stand it anymore.

K-PoP

BSS(SEVENTEEN) 거침없이	Orange Caramel 아빙아빙	f(x) Dangerous
Ailee I'll be okay	SHINHWA T.O.P	YooA(OH MY GIRL) Selfish

65 유유자적 悠悠自適
: 한가하고 여유롭게 자기 마음 내키는 대로 지내다

To live as one pleases, in leisure and relaxation

Track 065

Quiz⁉

1 '유유자적'의 의미는 무엇일까요?
What is the meaning of "유유자적"?

ⓐ 주의력이 부족하다
ⓑ 지나치게 낙관적이다
ⓒ 걱정 없이 마음 편하게 지내다

2 '유유자적'은 어떤 상황에서 쓸까요?
In what situation is "유유자적" used?

ⓐ 친구와 싸우고 상대를 비판할 때
ⓑ 천천히 여유롭게 잘 지내고 있을 때
ⓒ 시험을 잘 보고 스스로를 칭찬할 때

유(悠 to be relaxed) 유(悠 to be relaxed) 자(自 oneself) 적(適 to go)

유유자적 means to quietly and unrestrainedly live as one pleases, and describes not being tied up in complicated problems in reality, and living carefree with one's mind at ease. Here, "유유하다" means that one's movements are leisurely and slow, and "자적하다" means to enjoy oneself freely without being restricted. It's a phrase that describes staying in a quiet and peaceful place together with nature, away from one's busy and hectic daily life, or living with a focus on one's own small happiness, without placing value on success through money, honor, etc.

Examples

● 그는 은퇴 후 복잡한 도시를 벗어나 한가로운 전원에서 유유자적한 삶을 살기로 했다.

After retirement, he decided to leave the busy city and live a free and quiet life in the leisurely countryside.

● 바쁜 현대인들은 가끔씩 유유자적하게 여행을 떠나는 시간이 필요하다.

Busy people in the modern day sometimes need time to go on a worry-free trip.

미경

이번 프로젝트 끝내면 며칠 쉬어야겠어. 몸을 너무 혹사시켰어.

I'm gonna need to take a rest for a few days after finishing this project. I overworked my body.

시우

그래, 건강도 챙겨야지! 유유자적하게 여행 한번 다녀와.

Right, you need to take care of your health too! Go take a trip without any worries.

미경

멋진 생각이야. 내가 생각해 둔 외딴 섬이 하나 있어.

That's a great idea. There's a remote island I was thinking of.

In K-PoP

MAMAMOO 딩가딩가   Kwon Ae Jin 소미더머니   Cyan Kim 수영장
Crazy Duck 행운아   Deepflow 품질보증

66

이심전심 以心傳心
: 마음에서 마음으로 전하다

To communicate from heart to heart

Track 066

Quiz !?

1 '이심전심'의 의미는 무엇일까요?

What is the meaning of "이심전심"?

ⓐ 사랑을 고백하다

ⓑ 친구한테 꽃을 선물하다

ⓒ 말이나 글로 전하지 않아도 서로 마음이 통하다

2 다음 중 '이심전심'이 쓰일 수 있는 상황은 무엇일까요?

In which of the following situations can "이심전심" be used?

ⓐ 갑자기 이상한 마음이 들 때

ⓑ 친구가 의심이 가는 행동을 했을 때

ⓒ 부부 사이에 말하지 않아도 서로를 잘 이해할 때

이 (以 with) 심 (心 heart) 전 (傳 to communicate) 심 (心 heart)

이심전심, meaning to communicate from heart to heart, is derived from a Buddhist term meaning that the teachings of the ways of the Buddha are exchanged between teacher and pupil with the heart. This expression originated from the story of the so-called Flower Sermon, in which the Buddha held up and showed a flower to many people who had gathered at Vulture Peak, but a disciple named Kassapa was the only one to understand the meaning of this and smiled. Accordingly, the four-character idiom 염화미소 ("to hold a flower and smile," the Korean name for the Flower Sermon) has the same meaning as 이심전심, with both idioms indicating that a meaning is communicated between two people through their hearts alone, without using text or speech. This expression is used particularly when a couple or close friends understand each other's feelings and thoughts exceptionally well, or when they make the same decision without even discussing it at all.

Examples

● 오랫동안 함께 살아온 부부는 중요한 결정을 할 때도 **이심전심**이다.

Even when making important decisions, the couple who had lived together for a long time had a tacit understanding.

● 이번 프로젝트는 **이심전심**으로 통하는 동료와 준비하여 갈등 없이 성공적으로 마무리했다.

I prepared for this project with a colleague who can practically read my mind, so we finished it successfully without any conflict.

이준

> 웬일이야, 전화를 다 하고? 사실 나도 방금 네게 전화하려고 했어.
> What's this, you're calling me? Actually, I was just about to call you too.

미경

> 역시 우리는 **이심전심**으로 통하네. 내일 세일 시작하는데 쇼핑 같이 갈까?
> As expected, we read each other's minds. There's a sale starting tomorrow, want to go shopping together?

이준

> 좋아, 그럼 강남역에서 만나는 거 어때?
> Sure, then how about we meet at Gangnam Station?

K-PoP

Super Junior-T 로꾸거   One Two 개과천선

이열치열 以熱治熱

: 열을 열로 다스리다

To use heat to deal with heat

Track 067

Quiz !?

1 '이열치열'의 의미는 무엇일까요?

What is the meaning of "이열치열"?

ⓐ 끼를 부리다
ⓑ 심하게 싸우다
ⓒ 같은 성질의 것으로 대응하다

2 다음 중, '이열치열'에 맞는 행동은 무엇일까요?

Which of the following actions is "이열치열"?

ⓐ 비 오는 날에 파전 먹기
ⓑ 추운 겨울에 삼계탕 먹기
ⓒ 한여름에 뜨거운 국수 먹기

이(以 with) 열(熱 to be hot) 치(治 to deal with) 열(熱 to be hot)

이열치열 means to use heat to deal with heat. Drinking hot tea in the hot summer or eating piping hot soups like samgyetang (chicken soup with ginseng) or chueotang (loach soup) are typical methods of 이열치열. It's a way of overcoming the heat by taking care of your body, which ordinarily seeks out air conditioning or cold food in hot weather. The act of sweating in a sauna is an application of the principle of 이열치열 in the modern daily lives of Korean people that has been handed down over a long period of time. Meanwhile, the expression 이열치열 can also be used in military tactical operations, a company's marketing strategy, etc. To go up against a product released by a competitor without avoiding it by competing head to head using a product of even better quality is an application of the principle of 이열치열.

Examples

● 한여름에 뜨거운 음식을 먹으며 더위를 이겨내는 방법은 **이열치열**의 좋은 사례이다.
Eating hot foods in the middle of the summer in order to overcome the heat is a good example of curing it.

● **이열치열**의 전략은 전쟁을 승리로 이끄는 핵심이 되었다.
The strategy of fighting fire with fire became the key leading to victory in the war.

나연
이번 여름은 유난히 더운 것 같아.
This summer seems especially hot.

지훈
이열치열이라고 땀 내러 찜질방이나 한번 가 볼까?
Should we go to the sauna to sweat and fight fire with fire?

나연
좋은 생각이야! 말 나온 김에 지금 바로 가자.
That's a good idea! Since you've brought it up, let's go right now.

K-PoP

BTS Ma City
Dynamicduo Summer time (자리비움)

Simon Dominic Make her dance

68 작심삼일 作心三日
: 단단히 먹은 마음이 삼 일을 가지 못한다
A firmly made up mind cannot last 3 days

Track 068

Quiz !?

① '작심삼일'의 의미는 무엇일까요?
What is the meaning of "작심삼일"?

ⓐ 삼 일은 긴 시간이다
ⓑ 결심한 일을 빨리 처리해야 성공하다
ⓒ 어떤 일을 해내고자 한 마음이 오래가지 못하다

② '작심삼일'과 비슷한 말은 무엇일까요?
What phrase is similar to "작심삼일"?

ⓐ 천 리 길도 한 걸음부터
ⓑ 쉽게 달궈진 쇠가 쉽게 식는다
ⓒ 하늘은 스스로 돕는 자를 돕는다

Meaning & Origin

작(作 to make) 심(心 mind, heart) 삼(三 three) 일(日 days)

작심삼일 means that a firm decision can't last longer than three days, and is a phrase expressing that something planned cannot be seen through to the end because a decision isn't sufficiently strong. In the historical book "The Annals of the Joseon Dynasty," the phrase "고려공사삼일" ("the people of Goryeo change their policy in just three days") appears. As time passed, the phrase "공사삼일" was applied to personal matters as well, and with the end of the Joseon Dynasty, it changed to today's 작심삼일. When expressing circumstances in which someone is in the middle of doing something they planned but they quit, change plans, or can't finish, it's often said that they "ended up unable to stick to it (작심삼일)." When someone makes a firm decision to start a new plan or quit a bad habit – for example starting a diet, quitting smoking, waking up early, exercising diligently, etc. – but this plan falls apart within a short period of time, it's called 작심삼일.

Examples

● 사람들은 새해 다짐이 **작심삼일**로 끝나지 않도록 서로 격려해 준다.
People encourage one another so that their New Year's resolutions won't fall apart right away.

● 새로운 시도를 할 때마다 **작심삼일**이 된다면 의지가 아닌 주변 환경의 문제일 수도 있다.
If every new attempt you make is short-lived, it might not be a problem of will but rather a problem of your surrounding environment.

준서

우리 회사 소모임에서 추진하는 1일 1 독서 운동에 참여하려고 해.
I'm going to participate in a small group at work that's promotes a campaign of reading 1 book a day.

지아

멋지다. 요즘 책 읽기 운동이 한창이야.
That's great. Reading campaigns are really popular these days.

준서

작심삼일을 이겨 내야 할 텐데, 걱정이네.
I hope I can stick with it, but I'm worried.

Simon Dominic Lonely Night (Gray Remix)
Untouchable 우리 때처럼
Sik-K 겁쟁이 (NEED HER)
Untouchable 술 취했어

YENA 가끔   C JAMM ㅈ (19+)
HI CUTIE Try Again
PARK BORAM 슈퍼바디 (SUPERBODY)
Untouchable 월요병

69

절치부심 切齒腐心
: 이를 갈고 마음을 썩이다
To gnash one's teeth and for one's mind to be troubled

Track 069

Quiz⁉

❶ '절치부심'의 의미는 무엇일까요?
What is the meaning of "절치부심"?

ⓐ 남을 매우 질투하다
ⓑ 몹시 분하여 복수심으로 불타다
ⓒ 다른 일을 할 수 없을 정도로 치통이 심각하다

❷ '절치부심'은 어떤 상황에서 쓰일까요?
In what situation is "절치부심" used?

ⓐ 부패한 정치인을 일컬을 때
ⓑ 이를 빼고 싶지만 아파서 무서울 때
ⓒ 최고의 운동선수가 계속해서 패배할 때

절(切 to cut off) 치(齒 teeth) 부(腐 to rot/trouble) 심(心 mind, heart)

With the meaning of "to be so angry that one gnashes their teeth and their mind is troubled," 절치부심 contains the meaning that someone who is burning with the desire to get revenge can't keep their mind off of it day or night, and is determinedly looking out for the right moment. It's derived from an anecdote about Jing Ke included in the chapter "Biographies of Assassins" in Sima Qian's "Records of the Grand Historian." Fan Yuqi had been a general of the Qin State, but after his parents and family were killed by Emperor Qin Shi Huang, he was looking out for an opportunity for revenge from his exile in the Yan State. It's said that when he was told his head would be needed in order for the assassin Jing Ke to approach the emperor, Fan Yuqi replied "the assassination of the emperor had long caused me to gnash my teeth and had troubled my mind," and gladly cut his own throat. In this way, 절치부심 is an expression used to describe someone who prepares for a long time, waiting for the opportunity to take revenge on someone who has caused them great harm. In the present day, it's also used when describing someone who is consistently devoted to achieving a goal and doesn't waver even an inch.

Examples

- 그는 **절치부심**하며 재기의 기회를 엿보았다.
  He kept an eye out for an opportunity to make a comeback while waiting in furious determination.

- 부상과 재활로 고생한 전년도 챔피언은 **절치부심**의 각오로 훈련하여 마침내 새로운 챔피언으로 등극했다.
  Last year's champion, who faced difficulties due to her injury and rehabilitation, trained with resolute determination and finally was crowned the new champion.

지은

축하해, 드디어 해냈구나!
Congrats, you finally did it!

이준

프로젝트 실패 후, 지난 1년간은 악몽이었어. 밤낮없이 노력했어.
The past year after the project failed was a nightmare. I worked day and night.

지은

맞아, **절치부심**으로 노력한 결과야.
That's right, this is the result of the effort you made with determination.

Dreamcatcher Because   Dareharu 너로피어오라 (flowering)

70

조강지처 糟糠之妻

: 술지게미와 쌀겨로 끼니를 함께한 아내

A wife who shared a meal of dregs of liquor and rice bran

Track 070

Quiz⁉

1 '조강지처'의 의미는 무엇일까요?
What is the meaning of "조강지처"?

ⓐ 남편과 고생을 함께한 아내
ⓑ 가난한 가정에서 자란 아내
ⓒ 심한 병을 앓다가 일찍 죽은 아내

2 '조강지처'는 어떤 상황에서 쓰일까요?
In what situation is "조강지처" used?

ⓐ 집안일을 안 하고 놀기만 하는 아내를 지칭할 때
ⓑ 아내가 남편에게 가정 형편이 안 좋다고 불평할 때
ⓒ 가난할 때 남편과 함께 열심히 일한 아내를 지칭할 때

Meaning & Origin

조(糟 dregs) 강(糠 rice bran) 지(之 of) 처(妻 wife)

조강지처, with the meaning of a wife who has come through with her husband by eating the dregs of liquor (the part remaining after filtration) and rice bran, refers to a wife who suffered together with her husband in a time of poverty and hardship. In contrast to a situation in which you have succeeded or become rich, a wife or girlfriend who went through a difficult situation with you before that can be called 조강지처. There are several opinions about the origin of 조강지처, but let's take a look at the most common example. The historical "Book of the Later Han" from China's Northern and Southern States period contains questions and answers between the emperor and his vassal, Song Hong. In order to match the married Song Hong with his sister, the emperor asked him, "They say that if a person's environment changes and their status rises, they change their friends, and if they become rich, they change their wife. What do you think of this?" Without hesitating, Song Hong answered, "I cannot forget my friends from when I was poor and of lowly status, and I cannot throw away my wife who suffered together with me (조강지처)." In the present day, 조강지처 is used with a broader meaning to refer to one's wife.

Examples

● 긴 무명 시절을 이겨 내고 남우 조연상을 수상하게 된 배우가 시상식에서 힘든 시절을 견뎌 준 **조강지처**에게 고마움을 표현했다.

The actor who won the award for Best Supporting Actor after overcoming a long period of being unknown expressed his thanks at the award ceremony to his wife who had endured difficult times together with him.

● 어려움을 함께한 **조강지처**에게 늘 고마운 마음을 가져야 한다.

One must always have a thankful heart for a wife who goes through difficulties together with you.

조카
> 삼촌, 사업 실패 후 이렇게 빨리 재기할 수 있었던 비결이 뭐예요?
> Uncle, what's your secret to having been able to make a comeback this quickly after your business failed?

삼촌
> 숙모 같은 조강지처가 늘 옆에서 함께했기 때문이야.
> It's because I always had your aunt as a wife to support me in all my hard times.

TURTLES 놀라지마
DAY6 이상하게 계속 이래

SC4F etc. 행진
Simon Dominic 돈은 거짓말 안 해

Outsider 꿈의 대화

71

천방지축 天方地軸
: 하늘의 방향과 땅의 중심축

The direction of the heavens and the axis of the earth

Track 071

Quiz !?

1 '천방지축'의 의미는 무엇일까요?
What is the meaning of "천방지축"?

ⓐ 길을 잃다
ⓑ 많이 헷갈리다
ⓒ 허둥지둥 함부로 날뛰다

2 '천방지축'은 어떤 상황에서 쓰일까요?
In what situation is "천방지축" used?

ⓐ 여행을 가서 길을 잃었을 때
ⓑ 아이가 소리지르며 정신없이 뛰어다닐 때
ⓒ 수업 시간에 강의 내용을 전혀 이해하지 못할 때

천(天 sky) 방(方 direction) 지(地 earth) 축(軸 axis)

천방지축 means the direction of the sky and the axis on which the Earth rotates, but indicates that you don't know where you are in the sky and can't figure out the axis of the earth, or in other words, to be so chaotically confused that you cannot get your bearings. In this way, 천방지축 is a phrase that describes a situation that is so busy and confusing, or a person in such a situation who has lost their way and is wandering about. Today, it's also used when describing the appearance of an immature person running around thoughtlessly. For example, it's often used when expressing the appearance of a person who is in a hurry and rushing around frantically, or blundering through their work without thought.

Examples

● 바쁜 일상을 살아가는 현대인에게 **천방지축**으로 행동하는 소설 속 주인공은 카타르시스를 안겨 준다.
The main character in the novel, who acts recklessly, brings catharsis to people today who are living their busy daily lives.

● 큰 돈을 빨리 벌 욕심에 그 사업가는 **천방지축**으로 여러 분야에 투자를 하고 말았다.
Greedy to make a lot of money quickly, the businessman ended up recklessly investing in various fields.

미경
우리 아이가 요즘 들어 완전 **천방지축** 장난꾸러기가 돼 버렸어요.
These days, my child has become a really reckless, mischievous kid.

시우
벌써 그 시기가 왔군요. 어린 시절 한 번쯤은 누구나 겪는 일이에요.
It's already that time, then. It's something everyone goes through at least once as a child.

미경
네, 이 시기가 잘 지나가야 할 텐데, 걱정이에요.
Yes, I hope she gets through this period well, but I'm worried.

MAMAMOO 아재개그   EXO Let out the Beast   Weekly Yummy!

72 천생연분 天生緣分

: 하늘이 정해 준 인연

A relationship decided by the heavens

Track 072

Quiz !?

1 '천생연분'의 의미는 무엇일까요?
What is the meaning of "천생연분"?

ⓐ 연인으로 잘 어울린다
ⓑ 사랑은 자신의 의지로 하는 것이다
ⓒ 매사는 미리 정해진 것이기에 노력할 필요는 없다

2 '천생연분'과 비슷한 표현은 무엇일까요?
What expression is similar to "천생연분"?

ⓐ 상극
ⓑ 사주팔자
ⓒ 찰떡궁합

Meaning & Origin

천(天 the heavens) 생(生 to give birth) 연(緣 relationship) 분(分 to share)

천생연분, with the meaning of a relationship being decided upon beforehand by the heavens, refers to the precious relationship between a couple. In the past, a young man who was studying for the civil service exam fell in love with a woman. He had to go to the capital(Seoul) to take the exam, and the woman promised that she would wait for him until he passed the test. Separated from the man, the woman, in her longing, wrote a letter on silk and tossed it into a pond, but unfortunately, a fish immediately appeared and swallowed up the letter. The man, who was studying hard in Seoul, bought a fish to cook, and cut into its belly, and inside was the letter that the woman had written to him. Later, when he visited the woman's house and showed the letter to her family, her parents said, "As even this little fish wants the two of you to be together, there is nothing that mortal strength can do against the match made by the heavens (천생연분) between you and our daughter." In this way, 천생연분 is used to indicate a meeting decided by fate, regardless of a person's will. 천생연분, which means that a relationship started in the heavens will not break in the real world either, isn't only used for romantic relationships, but is also used today for the relationship between close friends.

Examples

● 현주와 동욱이 마음도 잘 맞고 저렇게 사이가 좋으니 **천생연분**이 틀림없다.

Hyunju and Dongwook are on the same wavelength and get along so well that there's no doubt they're a match made in heaven.

● 로맨틱 코미디 영화 부문에서 주연상을 차지한 배우들은 정말로 **천생연분**의 연기를 보여 주었다.

The performers who won the award for Best Actor and Actress in a romantic comedy really gave the performance of a match made in heaven.

영식

이 세상에 내 **천생연분**은 없는 것 같아.
I don't think there's a perfect match for me in this world.

지은

아니야, 때가 되면 좋은 사람을 만나게 될 거야.
That's not true, when the time is right, you'll meet a good person.

영식

고마워. 날씨가 추워지니 갑자기 마음이 울적해져서 그만….
Thanks. I'm getting gloomy suddenly because the weather's turning cold….

Lee Seung Gi 결혼해줄래	AOA Excuse me	Zion.T She
ATEEZ Feeling like I do	KARA 우리 둘	FT ISLAND FT ISLAND
FT ISLAND 첫눈에 알아		

73 칠전팔기 七顚八起
: 일곱 번 넘어져도 여덟 번 일어나다

To fall down seven times and get up eight times

Track 073

Quiz !?

❶ '칠전팔기'의 의미는 무엇일까요?

What is the meaning of "칠전팔기"?

ⓐ 7박 8일 동안 아무 일도 안하고 잠만 자다
ⓑ 팔 굽혀 펴기 7개와 팔 벌려 뛰기 8개를 하다
ⓒ 아무리 실패해도 포기하지 않고 계속 노력하다

❷ '칠전팔기'와 비슷한 표현은 무엇일까요?

What expression is similar to "칠전팔기"?

ⓐ 티끌 모아 태산
ⓑ 한 우물을 파다
ⓒ 실패는 성공의 어머니

칠(七 seven) 전(顚 to fall down) 팔(八 eight) 기(起 to get up)

칠전팔기 means that even if you fall down seven times, you get up eight, and is an expression used when describing continuing to make an effort to do what you plan to do without stopping, even if you suffer continued failures or frustrations. 칠전팔기 derives from an anecdote about a soldier during China's Song Dynasty who lost the war and hid in a cave to avoid enemy forces. Spiders appeared and spun webs that blocked the entrance, and no matter how many times the soldier swiped the webs away, the spiders would appear and spin their webs again. As a result, the enemy soldiers, who had entered the cave, were unable to discover the soldier who was hidden by the spider webs. In this way, seeing the iron will of the small and insignificant spiders that didn't give up and continued to try spinning a web, the soldier was said to have had a great realization. 칠전팔기 is an expression that emphasizes a strong willpower that never fades under any circumstances.

Examples

● 우리 회사의 인재상은 쉽게 포기하지 않는 **칠전팔기**의 도전 정신을 갖춘 사람이다.

The right people for our company are those with a spirit of challenge and perseverance who don't give up easily.

● 내 친구는 세 번이나 시험에 떨어졌지만 **칠전팔기**의 노력으로 마침내 합격했다.

My friend failed the test three times, but with his spirit of perseverance, he finally passed.

준서

나 이제 포기할래. 더 이상 못 하겠어.
I want to give up now. I can't do this anymore.

미경

무슨 소리야? 아까는 **칠전팔기**라고 이를 악물더니.
What are you talking about? You grit your teeth and said you were going to keep persevering.

준서

너무 힘들어서 더 이상 도전하지 못할 것 같아.
It's so hard that I don't think I can keep trying anymore.

K-Pop

74

함흥차사 咸興差使

: 함흥으로 파견된 관리

A government official dispatched to Hamheung

Track 074

Quiz !?

1 '함흥차사'의 의미는 무엇일까요?

What is the meaning of "함흥차사"?

ⓐ 중요한 소식이 있다

ⓑ 누군가의 심부름을 하느라 바쁘다

ⓒ 어디론가 간 사람이 돌아오지 않거나 소식이 없다

2 다음 중, '함흥차사'인 사람은 누구일까요?

Which of the following people is "함흥차사"?

ⓐ 늦게 온 배달원

ⓑ 야근하는 아버지

ⓒ 해외로 유학 가서 연락이 없는 친구

함흥(咸興 Hamheung; the name of a place) 차사(差使 Chasa; the title of a public official temporarily dispatched during the Joseon Dynasty)

함흥차사 means a chasa (an official temporarily dispatched on a special mission) dispatched to Hamheung, and originated from the seizure of the throne during the early Joseon Dynasty. When Yi Bang-won, the fifth son of the founder of the Joseon Dynasty, Yi Seong-gye, known as King Taejo, killed his brothers and took the throne, Taejo was so angered at this that he left for his hometown of Hamheung. Yi Bang-won wanted his succession to the throne to be recognized as legitimate. Accordingly, in order to bring Taejo back to Hanyang, the capital(Seoul in now), he continued to dispatch chasa, but not only did Taejo, who opposed the usurpation of the throne, refuse to meet with the chasa, he also ordered them to all be shot at and killed with arrows. Thus, the story of these chasa who went to Hamheung and were unable to return was passed down. In this way, 함흥차사 refers to a person who was sent on an errand but does not return even after a long time has passed. In the present day, 함흥차사 is used when someone's reply is late, or in cases when a person has left and there is no sign that they will return or no news from them at all.

Examples

● 내 친구는 잠시 해외여행을 다녀온다더니 함흥차사가 되어 버렸다.
My friend went to travel abroad for a while and never ended up coming back.

● 민수는 PC방에 갈 때마다 함흥차사가 된다.
Every time Minsu goes to an internet café, it's like he vanishes into thin air.

엄마

심부름 보냈더니 함흥차사가 돼 버리면 어떡하니? 얼마나 걱정했는데?
I sent you on an errand, how could you just disappear like that? Do you know how worried I was?

아들

죄송해요, 엄마. 우연히 친구를 만나서 커피 한잔했어요.
I'm sorry, mom. I ran into a friend by chance and we grabbed a cup of coffee together.

엄마

다음에는 늦어지면 엄마한테 꼭 전화하렴.
Next time, make sure to call me if you're going to be late.

K-PoP

Dynamicduo BAAAM   Nineboy Movie

75

호시탐탐 虎視眈眈

: 호랑이가 눈을 부릅뜨고 노려보다

A tiger stares and glowers

Track 075

Quiz !?

❶ '호시탐탐'의 의미는 무엇일까요?
What is the meaning of "호시탐탐"?

ⓐ 사냥하러 가다
ⓑ 고양이는 생선을 좋아하다
ⓒ 기회를 노리며 정세를 살피다

❷ '호시탐탐'은 어떤 상황에서 쓰일까요?
In what situation is "호시탐탐" used?

ⓐ 갑자기 기운이 날 때
ⓑ 정치가가 출세의 기회를 모색할 때
ⓒ 가난한 사람이 갑자기 부자가 되었을 때

호(虎 tiger) 시(視 to see) 탐(眈 to glower) 탐(眈 to glower)

호시탐탐, which means that a tiger is seeking its prey, is a figurative expression that compares the action of a human being to the appearance of a tiger staring and observing the situation, concentrating in order to hunt its prey. 호시탐탐 is a phrase that appears in the "I Ching(the book of Changes)," one of the Confucian classics. It is interpreted to mean going after a goal without hesitation, like a tiger staring at and focusing on its prey. In the present day, 호시탐탐 means to keep an eye on the circumstances in a competitive situation in order to take something away from someone else, like a tiger carefully hunting, and is also used when describing the appearance of someone in wait for the opportunity to get something they want or take something from someone else.

Examples

● 오늘날과 같은 경쟁 사회에서 상대방을 **호시탐탐** 노리는 것은 지극히 평범한 일이 되었다.

In a competitive society like today's, watching others vigilantly for an opportunity has become extremely common.

● **호시탐탐** 남의 자리를 노리는 사람들을 조심해야 한다.

It's best to be careful of people who are on the lookout for the positions of others.

지훈

어제 월드컵 축구 경기는 무척 안타까웠어.

Yesterday's World Cup soccer match was such a shame.

나연

상대편이 골을 넣으려고 호시탐탐 공격 기회를 노렸잖아.

The other team was on the lookout to score a goal and waited for a chance to attack.

지훈

우리 수비수들이 너무 당황해서 안쓰러웠어.

Our defenders were so taken by surprise, I feel bad for them.

In K-PoP

KARA Cupid
Red Velvet Happily Ever After
CLC 카페모카 주세요

Han Yo Han 초사이언
BTOB 나 빼고 다 늑대
GIRIBOY wewantourmoneyback

BTS 여기 봐
VERIVERY Love Line

유행어

Slang

76

극혐

Ultra hate / Ultra disgusting

Track 076

Quiz⁉

1 '극혐'의 의미는 무엇일까요?
What is the meaning of "극혐"?

ⓐ 극도로 신나다
ⓑ 극도로 혐오하다
ⓒ 확실한 혐의가 있다

2 '극혐'과 같이 쓰기에 어울리지 <u>않는</u> 말은 무엇일까요?
Which word doesn't go well with "극혐"?

ⓐ 시험 극혐
ⓑ 야근 극혐
ⓒ 용돈 극혐

The words "혐오" ("hate" or "disgust") and "혐오하다" ("to hate") are commonly used in everyday life, and the new word "극혐" was born from attaching the prefix "극-" to it. Originally, the prefix "극-" is added before certain special nouns, like in "극존칭" (a very honorific title), "극빈자" (a very poor person), and "극소수" (a very small number), and has the function of adding the meaning of "very extreme," and a new word was made by adding "극-" to "혐오." In 2014, after "극도로 혐오하다" was shortened to "극혐오하다" and registered as a new word, it was used as a verb, but this was then shortened further and became established as the current expression "극혐." "극혐" is combined with different nouns to make compound words with new meanings ("극혐 패션," "극혐 뉴스," "극혐 말투," etc., meaning "terrible fashion," "awful news," and "a disgusting way of speaking," respectively). If the title of content online has the expression "극혐 주의" ("warning: terrible"), then it means that the content of the video or news you're about to see is really terrible and you should be careful.

Examples

● 아무리 친한 사이여도 상대방이 극혐하는 행동을 해선 안 된다.
No matter how close you are, you shouldn't do anything that the other person hates.

● 계획적인 소비를 하는 사람들은 충동구매를 극혐한다.
People who plan their expenditures absolutely hate impulse buying.

지훈

요즘 인터넷에 떠도는 영상 봤어?
Did you see that video that's going around online recently?

미경

학교 폭력에 관한 거? 정말 극혐이야.
The one about school violence? It's totally disgusting.

지훈

맞아. 가해자들이 꼭 처벌 받았으면 좋겠어.
Yeah. I hope the attackers definitely get punished.

77

깜놀

Shocked / Shook

Track 077

Quiz⁉️

1 **'깜놀'의 의미는 무엇일까요?**
What is the meaning of "깜놀"?

ⓐ 심심하다
ⓑ 깜짝 놀라다
ⓒ 마음이 설레다

2 **다음 중 '깜놀'이란 표현이 어울리는 상황은 무엇일까요?**
Which of the following situations goes with the expression "깜놀"?

ⓐ 시험이 끝났을 때
ⓑ 강아지에게 밥을 주니 기뻐할 때
ⓒ 내 결혼식에 유명한 가수가 와서 축가를 불러 주었을 때

It was revealed in a broadcast interview that "깜놀" was first created and used by Shin Hyesung of Shinhwa, a popular idol in Korea in the early 2000s. In Korea, newly coined trending words can also be made and used by idols and spread far and wide. "깜놀" is a shortened version of "깜짝 놀라다," and here, "깜짝" indicates an appearance of sudden surprise. It's a new word that's used when something you couldn't imagine happens, and in an instant, you're nervous and worked up, and feel your heart flutter. For example, you can use "깜놀" when you hear that an idol you like is suddenly retiring, or when you hear news of the marriage of someone you're close with, or in a moment when you hear something unexpected. In this way, "깜놀" is an expression that you can use to express your surprise when something good happens, or when you hear sad news, or in a moment when you suddenly become flustered.

Examples

● 요즘 치킨값이 너무 올라 깜놀이라는 말이 저절로 나온다.
Fried chicken prices have gone up so much these days that the words "I'm shocked" come out of people's mouths automatically.

● 시골길을 운전하는 중에 갑자기 고라니가 튀어나와서 깜놀했다.
I was driving down a country road when a deer suddenly jumped out and I was shocked.

미경
짜잔, 생일 축하해! 이건 생일 선물이야.
Tada, happy birthday! This is a birthday present for you.

시우
깜놀했네! 오늘이 내 생일인지 어떻게 알았어?
I'm shocked! How did you know it was my birthday today?

미경
내가 잘 기억하고 있었지.
I remembered it, of course.

78

꼰대

Kkondae / Boomer

Track 078

Quiz !?

1 '꼰대'의 의미는 무엇일까요?
What is the meaning of "꼰대"?

ⓐ 따뜻하고 배려심이 많은 사람
ⓑ 친숙하지 않은 환경에 처한 사람
ⓒ 권위적이고 구태의연한 사고방식을 타인에게 강요하는 사람

2 최근 '젊은 꼰대'라는 말도 자주 쓰는데요, 무슨 뜻일까요?
Recently, the phrase "젊은 꼰대" is frequently used. What does it mean?

ⓐ 후배에게 꼰대 짓을 하는 젊은이
ⓑ 말이 많고 천방지축인 어린 아이
ⓒ 어른들에게 예의 없고 건방지게 행동하는 젊은이

"꼰대" is a slang term meaning "an old person." In the 1970s, it first started to be used among students to refer to teachers or fathers, then expanded to include the meaning of "the old generation" and came to be used also to refer to senior workers or bosses. "꼰대" is a sarcastic word for "a person who tries to insist that only their opinion is correct," or "a person who can't escape their outdated way of thinking." Regarding the etymology of "꼰대," it's said that it originated from the term "꼰데기" (meaning "oldie") in the dialect of the Yeongnam area, and is also said that it started in the Japanese colonial period when pro-Japanese people would be gifted titles like "Count" and would braggingly call themselves "꼰대" (from "꽁트" meaning "Comte," the French title for a count") pronounced with a Japanese accent. On September 23, 2019, BBC TV channel BBC Two introduced "Kkondae" (using the Korean pronunciation) as the "word of the day." On the BBC broadcast, it was explained to mean "an older person who believes they are always right (and you/young people are always wrong)." Netizens around the world who saw this responded saying that they had discovered many of these 꼰대 around them, regardless of nationality.

Examples

● 꼰대라는 말을 듣지 않으려면 열린 마음을 갖고 젊은 사람들에게 다가가야 한다.

If you don't want to hear the word "boomer," you should approach young people with an open mind.

● 무심코 던진 한마디로 인해 꼰대로 낙인 찍히기 쉽다.

It's easy to be branded a boomer because of a single word thrown out carelessly.

준수

이사할 집을 구하는데 옆집 아저씨가 많이 도와주셨어요.

I'm looking for a place to move into and the older guy next door has helped me out a lot.

성윤

근데 그분 약간 꼰대 스타일 아닌가요? 잔소리를 엄청 하시더라고요.

Isn't that guy kind of a boomer? He really nags a lot.

준수

좀 그렇긴 한데 그래도 도움이 많이 됐어요.

He is a little, but he helped me out a lot.

In K-POP ♪

(G)I-DLE LION
BTS BTS Cypher PT.3: KILLER
ATEEZ 선도부

BTS Anpanman
Stray Kids Mixtape: Gone Days
Loco A.O.M.G

BTS We On
iKON 바람

79

꽃길만 걷자

Let's only walk on paths of flowers /
Everything's coming up roses

Track 079

Quiz !?

1 '꽃길만 걷자'의 의미는 무엇일까요?
What is the meaning of "꽃길만 걷자"?

ⓐ 앞으로 모든 것이 잘 되기를 바라다
ⓑ 힘들 때 꽃을 보는 것이 도움이 되다
ⓒ 인생에서 아름다운 것을 감상하는 것은 중요하다

2 '꽃길만 걷자'는 언제 사용할까요?
When is "꽃길만 걷자" used?

ⓐ 이별할 때
ⓑ 전원에서 걸을 때
ⓒ 고난을 극복한 사람의 앞길을 응원할 때

Meaning & Origin

Flowers or a flower path has the meaning of blessings and happiness. In the poem "Azaleas" by the Korean lyrical poet Kim Sowol, the line "…tread lightly on those flowers…", which is expressed to a lover he is sending off, describes a virtuous blessing and sorrowful affection. The expression "꽃길만 걷자" was in previous use, but in 2016, former I.O.I member Kim Sejeong quoted it in a message she left to her mother after winning first place in an audition program, and afterwards it spread rapidly and became especially popular among K-Pop fans in particular. "꽃길만 걷자" is a metaphorical expression that means leaving the difficult things we have experienced up until now behind us and hoping that only good things will happen now. "꽃길" has been used frequently in titles and lyrics of popular songs. "꽃길만 걷자" has expanded to become a phrase that the general public sends in messages to cheer on the idols they like, and is often used by those who find hope and look positively at the future as a phrase to encourage other people.

Examples

- 열심히 노력해 취업한 사회 초년생 모두 꽃길만 걷기를 바란다.
  I hope that everything comes up roses for society's youth, who worked hard to get jobs.

- 정년 퇴임한 부모님이 꽃길만 걸으셨으면 좋겠다.
  I wish nothing but the best for my parents who retired.

나연

와, 드디어 수능이 끝났다.
Wow, the college entrance exam is finally over.

시우

믿어지지가 않네. 우리 모두 힘들었지만 잘 견뎌 냈어.
I can't believe it. We all had a hard time but we got through it well.

나연

그동안 정말 고생 많았으니 이제 우리 꽃길만 걷자!
We worked so hard, so everything's going to come up roses now!

K-Pop

HyunA Flower Shower   BTS 둘! 셋!   Stray Kids Mixtape#3
Stray Kids For You   iKON 이별길 (꽃길만 걸어)   WJSN 너에게 닿기를
KIM SEJEONG 꽃길   MONSTA X 넌 어때

80

노답

No answer / No solution

Track 080

Quiz⁉

1 '노답'의 의미는 무엇일까요?

What is the meaning of "노답"?

ⓐ 대답을 안 듣다
ⓑ 어려운 질문을 하다
ⓒ 해결 방법이 없거나 해결이 불가능하다

2 '노답'은 언제 사용할까요?

When is "노답" used?

ⓐ 어렵고 복잡한 문제를 친구에게 설명할 때
ⓑ 친구에게 문자를 보냈는데 바로 답이 올 때
ⓒ 식사 계산을 해야 하는데 현금은 없고 카드는 한도 초과일 때

"노답" is a compound word made by combining the English negative adverb "no" and the Korean noun "대답" ("answer"). "노답" means that there is "no answer" or "no solution." The phrase "답이 없다" ("there's no answer") has been in use for a long time. Beginning in the end of 2010, the use of new words combining Korean and English spread rapidly among teenagers, which can be seen as a natural social phenomenon resulting from the widespread diffusion of English in Korea. At the same time, as use of smartphones became more common and the number of teens using social networking services increased, many new words were created in combination with English. For example, aside from "노답," popular words combining Korean and English like "노잼" ("not fun"), "멘붕" ("mental breakdown"), etc. have continued to spread. This type of phenomenon seems to be due to a tendency for finding it annoying to write long sentences, as well as the psychological factor of young people wanting to keep up with the trends of their peer group.

Examples

● 청소년 금연 캠페인 슬로건으로 "담배는 노답, 나는 노담"이 선정되었다.
"Smoking is no-dap(no solution), so I'm no-dam(no-cigarette)" was chosen as the slogan for the teen anti-smoking campaign.

● 갑작스럽게 발생하는 노답 상황을 잘 해결하려면 위기 대처 능력을 키워야 한다.
In order to solve situations with no answer that occur suddenly, you need to build up your crisis management skills.

영식
다이어트하는 중인데 어제 밤에 치킨을 먹었어. 나 완전 노답이지?
I'm on a diet but last night I ate fried chicken. I'm a lost cause, huh?

아니야. 하루 정도는 괜찮아. 운동 열심히 하면 되지. 지은
Nah. One day is fine. If you exercise well, it'll be okay.

영식
그래야겠다.
That's what I'll have to do.

In K-Pop ♪

Purple Kiss Nerdy
Wonstein X (Butterfly)
Stray Kids District 9

BIG Naughty (서동현) 문제
AB6IX 답을 줘 (THE ANSWER)
Leellamarz, TOIL LOVE

177

81

노잼

No fun / Not funny

Track 081

Quiz!?

1 '노잼'의 의미는 무엇일까요?
What is the meaning of "노잼"?

ⓐ 재미없다
ⓑ 잼이 다 떨어지다
ⓒ 잼을 사러 가야 하다

2 다음 중 '노잼'의 반대말은 무엇일까요?
Which of the following means the opposite of "노잼"?

ⓐ 꿀잼
ⓑ 딸기잼
ⓒ 블루베리잼

"노잼" is a compound word made by combining the English negative adverb "no" and "잼," a shortened version of the Korean noun "재미" ("fun") to mean "no fun," "boring," etc. In order to emphasize the meaning of something being not fun, the prefix "개-" (which means "very" or "seriously") or "핵-" (meaning "powerful" or "very strong") are added in front, and used as "개노잼" ("seriously not fun") or "핵노잼" ("extremely not fun"). An opposite expression is "유잼" ("is fun") which combines the Chinese character for "유" ("to exist") with "잼," the shortened form of "재미."

Examples

● 새로 개장한 놀이공원에 방문한 사람들은 하나같이 노잼이라는 반응을 보였다.

The people who went to the newly opened amusement park all responded that it was no fun.

● 피디가 바뀌더니 노잼이었던 예능 프로그램의 인기가 갑자기 폭발했다.

The producer was changed and the popularity of the entertainment show that was once boring suddenly exploded.

시우

이거 요새 인기 엄청 많은 격투 게임인데 같이 해 보자.
This is a fighting game that's really popular these days. Let's try it together.

나연

격투 게임은 나한테 핵노잼이야.
Fighting games are super boring to me.

시우

너 맨날 롤플레잉 게임만 하잖아. 다른 게임도 한번 해 봐.
You just play roleplaying games every day. Try a different game for once.

K-Pop

BewhY Bichael Yackson

Gaeko 논해

GRAY Party For The Night

Stray Kids 갑자기 분위기 싸해질 필요 없잖아요

GOT7 노잼

82

눈누난나
Nunu nana

Track 082

Quiz !?

1 '눈누난나'의 의미는 무엇일까요?
What is the meaning of "눈누난나"?

ⓐ 계단에서 떨어지는 소리
ⓑ 누군가를 조롱하는 의성어
ⓒ 신나고 즐거울 때 내는 소리

2 '눈누난나'의 원래 단어는 무엇일까요?
What is the original word for "눈누난나"?

ⓐ 오글오글
ⓑ 데굴데굴
ⓒ 룰루랄라

"눈누난나" is a phrase that definitely can't make it past your lips if you're in a bad mood. "눈누난나" ("NUN NU NAN NA") was used as the title song on the debut single released in February 2020 by 7-member girl group Cignature. In July of the same year, singer Jessi released a song called "눈누난나" ("NUNU NANA") and attracted a lot of popularity. These two songs were made around the motif of the phrase "눈누난나" being one that you let out when you're in a good mood, without even realizing you're saying it. It's thought to be a transformation of "룰루랄라" ("lululala"), an onomatopoeia without meaning that you hum without realizing it when you're in a good mood. "눈누난나" is also a word that expresses the image of eating, drinking, and playing joyfully. It's not only used in everyday conversation, but also in online comments, song lyrics, or even webtoons to express that you're having a fun time by yourself, or to express the chill feeling of "I'm having plenty of fun right now," without caring about other people seeing you.

Examples

- 첫 해외여행은 누구에게나 **눈누난나** 신나는 일이다.
  The first time traveling abroad is a nunu nana exciting time for anyone.

- 유명 연예인이 지인과 **눈누난나** 술 마신 뒤 음주 운전한 사실이 발각되었다.
  A famous celebrity was found to have been driving drunk after drinking nunu nana with an acquaintance.

성윤
> 눈누난나!
> Nunu nana!

준서
> 오늘 기분이 왜 이렇게 좋아요?
> Why are you in such a good mood today?

성윤
> 퇴근 후 좋아하는 가수의 콘서트를 보러 갈 생각에 설레네요.
> I'm excited that I'm going to see the concert of a singer I like after I get off work.

JESSI 눈누난나
PENTAGON 청개구리

PENTAGON 빛나리
DAWN 던디리던

fromis_9 두근두근 (DKDK)

83

라떼는 말이야

A latte is… / Back in my day

Track 083

Quiz !?

1 '라떼는 말이야'의 의미는 무엇일까요?

What is the meaning of "라떼는 말이야"?

ⓐ 라떼를 마시자
ⓑ 라떼를 좋아해
ⓒ 나 때는 말이야

2 다음 중 기성 세대를 비꼬아 부르는 말은 무엇일까요?

Which of the following words is used to sarcastically call the older generation?

ⓐ 꼰대
ⓑ 어린아이
ⓒ 바리스타 (커피 전문가)

"라떼는 말이야" expresses what people first say when they start talking about "how things were in the past," as a satirical expression of the phrase "나 때에는 말이야" ("back in my day"), a frequently used term among the older generation when trying to hold onto authority or hide a sense of inferiority. "라떼" ("latte"), which is a type of coffee, is seen to have been derived from its similar pronunciation in Korean to "나 때" ("my day"). "말이야" is just a particle with no particular meaning that's added to the end of sentences as a habit, as in "그런데 말이야" or "…했는데 말이야." In Korean, "말" meaning sound made by a person (speech) and "말" meaning "horse" are pronounced the same. Based on this, among netizens, the popular words "라떼" and "말" are translated into English as "Latte is Horse," and the phrase has been satirized by pictures posted online of horses with lattes.

Examples

● '라떼는 말이야'는 꼰대를 상징하는 최고의 표현이다.
"Back in my day" is the ultimate expression symbolizing a kkondae.

● '라떼는 말이야'는 '명절 금기어'로 여겨지곤 한다.
"Back in my day" is considered a "forbidden phrase during the holidays."

아버지

> 나 때는 말이야, 새 옷을 사서 입어 본 적이 없고 형제들에게 다 물려받아 입었지.
> Back in my day, I never got to buy and wear new clothes, and always had to wear what was handed down by my older brothers.

나연

> 아 … 또! '라떼는 말이야' 나왔다. 아빠 어디 가셔서 그런 말씀 좀 하지 마세요.
> Ugh… Again! It's "back in my day." Dad, please don't say things like that in public.

아버지

> 너희 세대는 옷 물려 입지 않고 새로 사 입는 것을 감사히 여겨야 해.
> Your generation should be thankful to buy and wear new clothes rather than clothes handed down to you.

PSY 9INTRO
Stray Kids Gone Days

EZUZ 나 때는 말이야
ATEEZ THANXX

84

멘붕

Mental collapse / Mental breakdown

Track 084

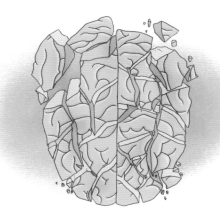

Quiz !?

1 '멘붕'의 의미는 무엇일까요?
What is the meaning of "멘붕"?

ⓐ 맨발
ⓑ 정신의 붕괴
ⓒ 내 최고의 그림

2 다음 중 '멘붕'의 반대말은 무엇일까요?
Which of the following means the opposite of "멘붕"?

ⓐ 담담하다
ⓑ 어지럽다
ⓒ 객관적이다

"멘붕" is a compound word combining the English adjective "mental" with the Korean noun "붕괴" ("collapse"). It's derived from the English expression "mental breakdown," and was first used as "멘탈 붕괴" but was then abbreviated to "멘붕." When faced a sudden problem that's difficult to cope with, or when being hurt deeply, you're said to have fallen into a state of "멘붕." Additionally, the new word is used when you're in a situation of panic, placed in a state that's unprotected from an opponent's attack. As "멘붕" became widely used on online gaming forums when discussing the condition of players, it began to grow popular. Since then, its meaning and usage have expanded, and today, it's commonly used in everyday life as well.

Examples

● 아무리 **멘붕**이 오는 상황이어도 이성의 끈을 놓으면 안 된다.
No matter if the situation might cause a mental breakdown you can't let go of the thread of reason.

● 올 상반기 실적 부진으로 회사는 **멘붕**에 빠졌다.
The company fell into a state of mental breakdown due to poor performance in the first half of the year.

시우

무슨 일이에요?
Is something the matter?

지은

제 베프가 제 전 남자 친구와 사귀고 있대요. 그래서 지금 멘붕 상태예요.
I heard my best friend is dating my ex-boyfriend. So I'm in a state of mental breakdown right now.

시우

세상에 어떻게 그런 일이…. 많이 힘드시겠어요.
How in the world could that happen…. You must be having a hard time.

K-PoP

Girl's Generation I GOT A BOY
LABOUM 어떡할래

Jay Park SOLO
BewhY Waltz

2NE1 멘붕

85

무야호

Mu-yahoo

Track 085

Quiz !?

1 '무야호'의 의미는 무엇일까요?
What is the meaning of "무야호"?

ⓐ 신나다
ⓑ 도와달라고 외치다
ⓒ 애완동물을 부르다

2 '무야호'는 어디에서 유래되었을까요?
Where was "무야호" derived from?

ⓐ 게임
ⓑ 한국 전통 가요
ⓒ 텔레비전 예능 프로그램

Like "눈누난나," "무야호" is an onomatopoeia without meaning, and a rallying cry that you shout out when you're excited and having fun. It was shouted on accident by an older Korean man living in Alaska in the United States, who appeared on an episode of the variety TV program "Infinite Challenge" ("무한도전") that aired on March 6, 2010. In order to manage the awkward atmosphere, the other cast members gave meaning to the old man's shout by saying, "He's just that excited," and even though the scene was of a slip of the tongue, it ended the broadcast with a refreshing event. Then, the comic situation of the scene that had been aired at the time appeared 10 years later, in 2020, in a parody containing that episode. Rediscovered via YouTube, "무야호" drew huge popularity and became a new word expressing a feeling of joy and excitement. It's a representative example of a scene that aired a long time ago being reproduced and made popular as an internet meme.

Examples

- 많은 사람들이 **무야호** 할아버지의 근황을 듣고 반가워했다.
  Many people were glad to hear what the mu-yahoo grandfather had been up to lately.

- 유튜브에 게재된 **무야호** 영상의 조회 수가 어느덧 100만을 넘어섰다.
  The mu-yahoo video posted to YouTube has already exceeded 1,000,000 views.

지아

올해 9월에 무려 2주 동안 황금연휴인 거 봤어?
Did you see there's an extra long holiday of two whole weeks this year in September?

영식

정말? 무야호~! 친구들이랑 다같이 부산으로 여행 가자!
Really? Mu-yahoo~! Let's go with our friends to Haeundae in Busan.

지아

좋은 생각이야. 다른 친구들에게도 연락해 보자.
That's a good idea. Let's try contacting some friends.

HyunA&DAWN Ping pong   Way Ched RIDERS   EZUZ Ezuz Dance

86

소확행

Small but certain happiness

Track 086

Quiz⁉

① **'소확행'의 의미는 무엇일까요?**
What is the meaning of "소확행"?

ⓐ 충분히 행복하지 않다
ⓑ 인생에서 작은 것에 행복해하다
ⓒ 앞으로 좋은 일이 일어나기를 바라다

② **'소확행'의 예는 무엇일까요?**
What's an example of "소확행"?

ⓐ 복권에 당첨되다
ⓑ 중요한 것을 잃어버리다
ⓒ 힘든 하루를 보낸 후에 한 잔의 커피를 마시다

"소확행" is an abbreviation of "소소하지만 확실한 행복" ("small but certain happiness"). This popular word is a term that was first used in "Afternoon of the Islets of Langerhans," a collection of essays published in 1986 by Murakami Haruki, a Japanese author who is well-known in Korea. In the "소확행" portion of the essays, the author refers to the small but certain happiness felt when seeing one's underwear arranged neatly in a drawer, expressed as "소확행," and says that rather than seeking to be special, he chases happiness that is small but can certainly be realized. In Korea, this term began to grow popular when the question was raised of what effects consumption has on our lives. "소확행," which satirizes the all-powerful nature of ubiquitous luxury goods in a society of conspicuous consumption, was a very popular new word at the time. Trend Korea, which analyzes Korean consumer behavior, even picked "소확행" as one of the words that would be popular in 2018.

Examples

● 퇴근 후에 집에서 치맥 하는 것은 많은 직장인의 **소확행**이다.
To many office workers, having fried chicken and beer at home after getting off of work is their small but certain happiness.

● **소확행**을 통해서도 삶의 질을 높일 수 있다.
You can improve the quality of your life through small but certain happinesses.

준서

학교 수업 시간에 서로의 **소확행**에 대해 이야기했는데, 네 **소확행**은 뭐야?
In class, we all talked about our small but certain happinesses. What's yours?

미경

내 **소확행**은 버스를 타자마자 빈자리를 발견했을 때야. 너는?
My small but certain happiness is when I find an empty seat as soon as I get on the bus. What's yours?

준서

화창한 날 그늘 아래에 있는 공원 벤치에 앉아서 여유롭게 책을 읽는 거야.
Mine's sitting on a park bench in the shade on a sunny day and leisurely reading a book.

In K-PoP

EZUZ 잠금해제   NO:EL 이미 다 하고 있어   DKB 미안해 엄마 (Sorry Mama)

87

솔까

Honestly

Track 087

Quiz⁉

1 '솔까'의 의미는 무엇일까요?
What is the meaning of "솔까"?

ⓐ 솔직히 말하면…
ⓑ 솔직하게 말해라!
ⓒ 진짜 거짓말 안 했는데요.

2 '솔까'는 언제 쓰는 말일까요?
When is "솔까" used?

ⓐ 에세이를 쓸 때
ⓑ 다른 사람의 거짓말을 들었을 때
ⓒ 논란이 있는 주제에 대해 의견을 낼 때

The popular word "솔까" is a abbreviated form of "솔까말," itself a shortened form of "솔직히 까놓고 말해서" ("To come right out and say the truth..." or "To state the truth plainly..."). All of the new and trending words that were created beginning from the early 2000s have a deep connection to the technological development of internet media technology and the explosive increase in the number of people using smartphones. The trend cycle of new words suddenly appearing and quickly disappearing is also an emblem of "끼리 문화" ("in-group exclusive culture") for communication between specific populations or generations. Because of this, the emergence of new words like "솔까" was immediately treated as coarse slang by the older generation. With the meaning of "사실" ("To be honest...") and "실은" ("The truth is..."), "솔까" means "To say exactly what I'm thinking...." "솔까" is an expression that's used when communicating your honest intentions, as well as when bragging about yourself.

Examples

● A사의 스킨케어 신제품의 리뷰는 "솔까 너무 비싸다"라는 평이 대부분이었다.
Most of the reviews for the new skincare product from Company A were saying, "Honestly, it's too expensive."

● 무례한 발언을 하는 것을 '솔까'로 포장해서는 안 된다.
You can't just package up rude remarks by saying "honestly."

지아

내일 나 소개팅 가는데 청치마 입는 게 어때?
I'm going on a blind date tomorrow. What do you think about me wearing a jean skirt?

현우

솔까 너는 청치마보다 청바지가 더 잘 어울리는 것 같아.
Honestly, jeans look better on you than a jean skirt.

지아

그럼 청바지 입어야겠다.
Then I should wear jeans.

88

심쿵

Heart boom / Heart pounding

Track 088

Quiz !?

1. **'심쿵(하다)'의 의미는 무엇일까요?**
   What is the meaning of "심쿵(하다)"?

   ⓐ 마음이 아프다
   ⓑ 심장 마비를 일으키다
   ⓒ 심장이 뛸 정도로 설레다

2. **한국어로 심장 박동을 나타내는 말은 무엇일까요?**
   In Korean, what word indicates a heart beat?

   ⓐ 두근두근
   ⓑ 콜록콜록
   ⓒ 빙글빙글

"심쿵" is an abbreviated version of saying your heart ("심장") is pounding ("쿵쿵한다," "쿵쿵 뛴다," or "쿵쾅쿵쾅 뛴다"). "쿵" which describes the noise of something big and heavy falling to the ground, or of an explosion heard from far away, is used in expressions about people's emotions, and "쿵쿵하다" is used to describe the sound or appearance of someone's heart suddenly beating heavily after receiving a psychological shock. Here, "쿵" means the sound of someone's heart, or chest, in surprise. "쿵쿵" and "쿵쾅쿵쾅," which derive from and emphasize "쿵," are onomatopoeias that indicate the sound of your heart racing because you're surprised, embarrassed, or when you're so euphoric and can hear the sound of your own heart, like when someone you're in love with confesses their love for you. "심쿵" is mainly used to express positive situations where you're excited with happiness. It's a word that's used often when you see some incredible scenery, a lovely and beautiful item, an attractive person, or even a pet like a cute cat or dog.

Examples

● 모든 로맨틱 드라마에서 썸 타는 장면은 가장 큰 **심쿵** 포인트다.

The most heart pounding part of every romantic drama is the scene where they start to have something between them.

● 새끼 고양이의 자는 모습은 언제나 **심쿵**을 유발한다.

The sight of a kitten sleeping always triggers a pounding heart.

지은

> 너 휴대폰 케이스 새로 바꿨어?
> Did you get a new phone case?

시우

> 어제 길 가다가 휴대폰 떨어뜨렸어. 액정은 그대로인데 케이스가 박살 났지 뭐야.
> I was walking down the street yesterday when I dropped my phone. The screen was fine but the case was destroyed.

지은

> 완전 **심쿵**했겠다. 듣기만 해도 아찔한데?
> Your heart must've been totally pounding. I feel dizzy just hearing about it.

AOA 심쿵해
I.O.I Pick Me
iKON 이리오너라

10CM 봄이 좋나??
pH-1 주황색

MONSTA X 무단침입 (Trespass)
UP10TION 예뻐

89

썸 타다

To feel "Some" / To be in a situationship

Track 089

Quiz !?

1 **'썸 타다'의 의미는 무엇일까요?**
What is the meaning of "썸 타다"?

ⓐ 친구 이상 연인 이하의 관계
ⓑ 이미 짝이 있는 사람과 만나다
ⓒ 썸이라는 브랜드의 자전거를 타다

2 **'썸 타다'의 다음 단계는 무엇일까요?**
What is the next step after "썸 타다"?

ⓐ 헤어지다
ⓑ 결혼을 하다
ⓒ 남자 친구/여자 친구가 되다

썸 타다 is a compound word made up of "썸" and "타다" ("to ride"). It's a new word that takes "썸" from the Korean pronunciation of the English word "something," meaning a thing that isn't able to be clearly defined, and combines it with the Korean verb "타다," which indicates the act of feeling an emotion or feeling. Aside from the basic meaning of "to ride a means of transportation, such as a boat or car," "타다" also has the meaning of "to make use of a certain condition or an opportunity you've been given." For example, the expression "봄을 타다" means "for one's mind to be restless and excited due to a feeling of spring in the air." In this way, "썸 타다" is a new word that indicates a state of excitement when one is restless due to some unknown atmosphere, and is used when describing the subtle, unknowable emotions felt when a man and woman are both interested in each other and are getting to know each other. A man and woman who have this sort of "썸을 타는" relationship are called "썸남" ("some man") and "썸녀" ("some woman"), respectively.

Examples

- 썸을 타다 깨지는 것을 이별이라고 부르기는 어렵다.
  When you're in a situationship and then break it off, it's hard to call that a break up.

- 하나에게는 썸남이 있는데 그 남자가 곧 군대에 입대해서 마음이 몹시 심란하다.
  Hana's got something with this guy but he's enlisting in the army soon so she's really upset.

이준
> 너 남준이랑 사귀니?
> Are you dating Namjun?

지아
> 아니, 썸만 타다가 흐지부지 끝났어.
> No, there was something there but then it fizzled out.

이준
> 그렇구나. 그러면 네게 소개해 주고 싶은 사람이 있는데 한번 만나 볼래?
> I see. In that case, I have someone I want to introduce to you. Want to meet him?

K-PoP

BOL4 썸 탈꺼야
GIRIBOY 왕복 30분
Weki Meki La la la
CHEN, Heize, VIBE 썸타 (Lil' Something)

WINNER ISLAND
BoA Feedback
Soyu, JUNGGIGO 썸

MONSTA X 무단침입 (Trespass)
MAMAMOO Rude Boy
GOT7 A

90

어그로

Aggro / Provoking / Trolling

Track 090

Quiz!?

1 '어그로'의 의미는 무엇일까요?
What is the meaning of "어그로"?

ⓐ 게으른 사람
ⓑ 공격적인 동물
ⓒ 남의 관심을 끌려고 애쓰는 사람이나 그러한 행동

2 다음 중 어떤 표현이 자주 사용될까요?
Which of these expressions is frequently used?

ⓐ 어그로 + 꾼
ⓑ 어그로 + 사람
ⓒ 어그로 + 타임

The new word "어그로," which began in chats in online games and on internet message boards, is a popular word that borrows the meaning and pronunciation of the English "aggro." At first, the behavior of acting maliciously by posting controversial or provocative content on the internet or in online games in order to attract attention or steer people's opinions in a particular direction was called "어그로," and a person who did these actions was called "어그로꾼." "-꾼" here is added after a noun for a certain act to indicate a person who performs that act ("소리꾼" for "singer," "낚시꾼" for "fisherman," "사기꾼" for "con artist," etc.). Generally, as "어그로" has the meaning of provoking or winding someone up, it's treated as slang with a negative nuance. The expression "어그로를 끈다" ("attracting aggro") also means "drawing attention in a negative direction."

Examples

● 어그로 끌려는 목적의 글에는 반응하지 않는 것이 좋다.
It's best not to react to posts that are written to provoke someone.

● 어그로를 끌어 얻은 인기는 오래가지 못한다.
The popularity that comes from trolling doesn't last long.

나연
> 블로그에 새로 올린 글에 악플이 많이 올라왔어.
> The new post I added to my blog got a lot of mean comments.

시우
> 그런 댓글들 신경 쓰지 마, 다 **어그로꾼들**이야!
> Don't worry about those kinds of comments, they're all just haters!

나연
> 네 말이 맞지만 진짜 신경 쓰여. 블로그를 그만두어야 할까 봐.
> You're right but it really bothers me. Maybe I should quit blogging.

K-PoP

MAMAMOO Hip	MINO 로켓	pH-1 BOOL
SUPERBEE Selfmade Orange 2	Paloalto Hi-Lite Sign	Loopy G.O.A.T
Ash-B Be like Your Dad		

91

열폭

Inferiority explosion

Track 091

Quiz !?

1 '열폭'의 의미가 <u>아닌</u> 것은 무엇일까요?
Which phrase doesn't have the same meaning as "열폭"?

ⓐ 열이 나다
ⓑ 열등감이 폭발하다
ⓒ 열 받아서 폭발하다

2 '열폭'은 언제 사용할까요?
When is "열폭" used?

ⓐ 누군가 아플 때
ⓑ 다른 사람을 질투할 때
ⓒ 다른 사람보다 자신이 낫다고 생각할 때

"열폭" is a new word that abbreviates "열등감" ("inferiority complex") and "폭발" ("explosion") to mean "an explosion of feelings due to an inferiority complex. "열폭" is a word that originally indicated an emotional state of an explosion of feelings, in which jealousy of others causes an inferiority complex that results in getting excessively worked up and exploding like a bomb over an ordinary irritation or trivial matter. However, even though it doesn't mean "exploding due to anger (열)," many people think this word means "to get angry and reach a state of rage." This is because most Korean people think that the "열" in "열폭" comes from "열 받다" ("to get angry"). This could be because conflicts in Korean society and the resulting fits of passion explode far more often due to anger than due to a sense of inferiority. Furthermore, because Korean people understand an inferiority complex negatively as be a product of a society that compares people to others, they often think that if they maintain a normal mental state, they can't have fallen into a sense of inferiority. This popular word can be seen as a unique new word, used in its original sense and a different sense, increasing the frequency of usage.

Examples

● 자기 자신을 스스로 사랑하는 사람은 **열폭**하는 일이 드물다.
People who love themselves rarely have explosions of inferiority.

● 가짜 뉴스에 **열폭**하는 사람들이 점점 더 많아지고 있다.
The number of people who have inferiority explosions over fake news is gradually increasing.

시우

> 어제 형이랑 게임해서 내가 이겼는데, 형이 완전 **열폭**했어.
> I was playing a game with my older brother yesterday and I won, and my brother totally rage quit.

미경

> 형은 왜 별 것 아닌 것에 **열폭**했어?
> Why did he rage quit over nothing?

시우

> 우리 형은 내가 자기보다 조금만 잘 되는 걸 보면 그러는 것 같아.
> My brother's like that if he sees me doing even slightly better than he does.

K-POP

C JAMM, BewhY puzzle   BTS We On   BTS BTS Cypher Part 1

92

인싸

Insider / Social / Popular

Track 092

Quiz !?

1 '인싸'의 의미는 무엇일까요?
What is the meaning of "인싸"?

ⓐ 스파이
ⓑ 건물 안에 있는 사람
ⓒ 사회성이 뛰어난 사람

2 '인싸'는 보통 어떤 성격의 사람일까요?
What kind of personality does a person who is "인싸" usually have?

ⓐ 외향적
ⓑ 내향적
ⓒ 조용함

We can't help but find relationships between people to be a matter of significant concern. Newly created words also began to emerge in and after the 2000s to indicate the different types of people in human relationships. The new word "인싸," which is a shortened version of "인싸이더," a slightly stronger pronunciation of the English "insider," began to appear in around 2008, and from 2017 on, it became known as widespread among Korean people. "인싸" means a person who gets along well with others around them and actively participates in gatherings. It refers to an extrovert who is welcome at all gatherings and has excellent social skills. Though we can trace the origin of "인싸" to the English "insider," it's used slightly differently. That's why the new word "인싸" is more appropriately expressed in English as "hip," "social," or "sociable." The opposite of "인싸" is "아싸," a shortened form of the English "outsider."

Examples

● **인싸**들이 사용하는 물건을 **인싸템**이라고 한다.
Things that are used by popular people are called "insider items."

● **인싸**들은 낯을 안가리고 적극적으로 모임에 참여한다.
Insiders aren't shy and actively participate in gatherings.

이준
남준이는 어제 환영 파티에서 한마디도 말 안 했어.
Namjun didn't say a single word at the welcome party yesterday.

나연
인싸처럼 보이던데 완전 아싸네.
He looks like an insider but he's totally an outsider.

이준
그냥 수줍은 성격인 것 같아. 예전에 나랑 둘이 밥을 먹을 때에는 말을 많이 했거든.
I think he just has a shy personality. In the past, when he and I ate together before, he talked a lot.

K-PoP

YUMDDA zoom
ENHYPEN Attention, please!

ZICO 만화영화 (Cartoon)
LE SSERAFIM We got so much

Jay Park All Day (Flex)

93

입덕하다

To become a fan / To get hooked

Quiz !?

① **'입덕하다'의 의미는 무엇일까요?**
What is the meaning of "입덕하다"?

ⓐ 남의 집에 들어가다
ⓑ 누군가의 팬이 되다
ⓒ 한 편의 드라마를 보기 시작하다

② **다음 중 입덕한 사람은 누구일까요?**
Which of the following people has become "입덕"?

ⓐ 자신의 반려동물을 아끼고 잘 돌보는 사람
ⓑ 우연히 알게 된 가수의 영상만 하루 종일 보는 사람
ⓒ 댄스 대회에서 상을 타기 위해 열심히 연습하는 사람

Meaning & Origin

As the social and culture influence of fandom grows with the spread of popular culture, the term "fandom culture" has been created, and "입덕" is one of the popular words that is part of it. The new word "otaku," meaning "super fan" or "maniac," emerged in Japan in the 1970s, and around the year 2005, "otaku" was changed to the Korean pronunciation "오덕후" and became universally used. The Korean "오덕후" is used with a bit of a lighter meaning than "otaku," which in Japan is used to negatively refer to a person who has fallen deeply into one particular field. As "오덕후" came to be used as "덕후" and "(오)덕," "입덕" and "입덕하다" were created, adding "입(入)" ("to enter") to mean "to enter into a fandom." "입덕하다" means to get interested in a particular field or celebrity and begin to fall deeply into it or them. It's used with a variety of words; if a video made you become a fan, it's called "입덕 영상" ("fan-making video"), and when explaining one specific point that made you become a fan, it's called your "입덕 포인트."

Examples

● 사람들은 **입덕**에 앞서 자신이 무언가에 빠졌음을 인정하지 않는 **입덕** 부정기를 거친다.
Before becoming a fan, people go through a period of new fan denial, where they can't admit they're into something.

● 최근 인기 있는 드라마의 주인공에 **입덕한** 사람들이 많아졌다.
Recently, more and more people are getting hooked on the main characters of popular dramas.

미경

> 어제 우연히 드라마를 보다가 주인공한테 완전히 빠졌어.
> I saw a drama by chance yesterday and I totally fell for the main character.

지은

> 정말? 입덕한 거야? 그 주인공 내 최애인데!
> Really? Are you hooked now? That character is my favorite!

미경

> 진짜? 그 주인공 너무 매력 있지 않니?
> For real? Isn't the main character so charming?

GD&TOP 쩔어	Block B 보기 드문 여자
DAWN 던디리던	MIRAE 1 Thing

지못미

Sorry I couldn't protect you

94

Track 094

Quiz !?

1 '지못미'의 의미는 무엇일까요?

What is the meaning of "지못미"?

ⓐ 지켜 줄게요

ⓑ 지켜 주지 못해서 미안해요

ⓒ 혼자 있게 두어서 미안해요

2 '지못미'라는 말은 주로 누가 누구에게 사용할까요?

Who would mainly say "지못미" to whom?

ⓐ 경찰이 시민에게

ⓑ 부모가 자녀에게

ⓒ 팬들이 스타에게

The phrase "지켜 주지 못해 미안해" ("Sorry I couldn't protect you") was a "greeting" of sorts used to comfort and convey regret when someone lost their life in a sudden accident or due to a disaster. The new word "지못미" that was made by abbreviating this phrase began to be used with a different meaning that was much diluted from the original. In the early 2000s, it became known as the title of a fanfiction written by the fandom for HOT, the original idols, and also appears in song lyrics and lines from movies that were screened at the time. As fandom culture develops closely among young people, every time their favorite star is shown in a ridiculous way, you can see the continuing sight of "지못미." "지못미" contains the feelings of fans who wish for their favorite stars to maintain a beautiful and clean image.

Examples

● 2008년 국보 1호 숭례문이 소실되자 "불타버린 숭례문… **지못미**"라는 제목의 추모 기사가 올라왔다.
When National Treasure No. 1 Sungnyemun Gate was destroyed in 2008, a memorial article was posted with the title "Burned Up Sungnyemun Gate… Sorry we couldn't protect you"

● 유명 배우의 하품하는 모습이 라이브 방송에서 포착되어 **지못미** 장면을 유발했다.
As the image of the famous actor yawning was captured on the live broadcast, it caused a "Sorry I couldn't protect you" scene.

준서

세상에, 이 사진 좀 봐.
Whoa, look at this picture.

나연

하필 그런 표정을 캡처하다니….
Why did they have to take a screen capture of that expression….

준서

그러니까. 지못미.
I know. Sorry I couldn't protect you.

BTS Danger   G-Dragon Crayon   iKON 지못미

95

쩔다

To be salted / To be awesome / To be very good or bad

Track 095

Quiz !?

① **'쩔다'의 의미는 무엇일까요?**
What is the meaning of "쩔다"?

ⓐ 춤을 추다
ⓑ 다리를 다치다
ⓒ 사람, 사물, 현상 등이 대단하다

② **다음 중 '쩔다'와 비슷한 표현은 무엇일까요?**
Which of the following expressions is the similar to "쩔다"?

ⓐ 대박이다
ⓑ 게임에 지다
ⓒ 다리를 절다

"쩔다" is a non-standard version of the verb "절다" ("to be salted" or "to be seasoned with salt"). In the 2010s, the word began to be pronounced with a tense consonant sound, emphasizing an accent and changing "절다" to "쩔다," which was then spread widely with two meanings. First, "절다" has the meaning of salt permeating and seasoning cabbage in order to make kimchi. "쩔다" as it's derived from here is an expression to insinuate that someone's excellent talents or remarkable skills have saturated their body, like cabbage that's been saturated in salt. As an exclamation used when praising someone highly, "쩔다" has been expanded to be used with events and objects as well. The other meaning of "절다" is used the describe the image of a body drenched in sweat or oil, and is used when someone is exhausted from the effects of something strong like alcohol. "쩔다" as derived from this meaning of "절다" means "to not meet expectations," "boring," or "dirty." As such, "쩔다" has both positive and negative connotations, so people are occasionally confused as to whether someone who says, "Hey, those clothes are 쩐다!" is complimenting them or making fun of them.

● 최근 개봉한 영화의 주인공은 허세에 쩐 캐릭터지만 인기가 많다.
The main character in the recently released movie is such a show-off, but he's popular.

● 요즘 청소년들은 옷 잘 입는 사람을 보고 매력이 쩐다고 생각한다.
Teenagers these days think that people who dress well are so attractive.

성윤
여기 카페 분위기 완전 쩔지?
The atmosphere at this café is totally amazing, right?

시우
분위기는 좋은데 커피는 맛없어.
The atmosphere is good but the coffee tastes bad.

성윤
그래? 나는 커피를 안 마셔서 몰랐어. 스무디랑 디저트는 정말 맛있거든.
Really? I don't drink coffee so I didn't realize. The smoothies and desserts are really good.

K-Pop

BTS Dope	PSY Celeb	Stray Kids God's Menu
Crush Outside	(G)I-DLE i'M THE TREND	ZICO 너는 나, 나는 너
Hash Swan, ASH ISLAND, Keemhyoeun, CHANGMO Bition Boyz		
Jay Park Finish Line	G-Dragon She's gone	

96

최애

Most loved / Bias

Track 096

SUPER IDOL

Quiz !?

1 '최애'의 의미는 무엇일까요?
What is the meaning of "최애"?

ⓐ 가장 쎈 것
ⓑ 제일 좋아하는 것
ⓒ 정말 싫어하는 것

2 '최애'는 다음 중 어떤 주제에서 거의 사용되지 않을까요?
In which of the following topics would "최애" almost never be used?

ⓐ K-Pop
ⓑ 정치 · 외교
ⓒ 애니메이션

"최애," which originally meant "to love the most," actually appeared in literature from the Joseon era, but was rarely used among the general public. The term "최애캐" (short for "최고로 사랑하는 캐릭터," or "the character I love the most"), which was used in the Japanese anime fandom, came to be used in Korean idol fandoms as well in the 2010s. While this word was included in a book of new words by the National Institute of Korean Language in 2014, the shortened "최애" was widely used among the younger generation. "최애" spread when it appeared on entertainment programs beginning in 2015. Additionally, girl group WJSN also received a great response with their song titled "최애." "최애" isn't just used with people you love (celebrities or soccer players in particular), but also with any object or item.

Examples

● 판다 푸바오의 **최애** 음식은 대나무이다.
The panda Fubao's favorite food is bamboo.

● 썸 타는 사람과 **최애** 영화를 보는 것은 많은 사람들의 로망이다.
Many people's romantic idea is watching their favorite movie with the person they're in a situationship with.

나연
> 이 그룹에서 네 **최애**가 누구야?
> Who's your bias in this group?

현우
> 딱 한 명만 고를 순 없어, 멤버 모두 다 좋아해. 너는?
> I can't pick just one person, I like all the members. You?

나연
> 내 **최애**는 막내야.
> My bias is the youngest member.

JAMIE Numbers   Red Velvet 두 번째 데이트 (My Second Date)   JUSTHIS THISISJUSTHIS
P1Harmony Yes Man   MIRAE 1 Thing   WJSN 최애 (Perfect!)

209

97

취향 저격

Preference shot / My style

Track 097

Quiz !?

❶ '취향 저격'의 의미는 무엇일까요?
What is the meaning of "취향 저격"?

ⓐ 뭔가를 쏘다
ⓑ 취향이 이상하다
ⓒ 본인의 취향에 딱 맞다

❷ '취향 저격'은 언제 사용할까요?
When is "취향 저격" used?

ⓐ 슈팅 게임을 할 때
ⓑ 말한 것의 정확성을 표현하고 싶을 때
ⓒ 무엇이 얼마나 마음에 드는지 표현하고 싶을 때

Entering the 2000s, the hobbies and preferences of Korea's young generation diversified. Consumption patterns changed according to what people wanted to do and what they preferred, and their preferences soon came to be recognized as representing their identity. The new word that reflects these social conditions well is "취향 저격." A compound word made up of "취향" ("taste" or "preference") and "저격" ("shoot" or "shot"), "취향 저격" indicates an object or element that precisely matches your taste or preferences. In this way, this phrase, which began to become popular in the 2010s and means that you really like something or someone as if it perfectly suits your preference, can be used in all different areas, from food, games, and movies, to items, hobbies, etc. You can also use "취향 저격" when meeting a celebrity who's your style, or someone who's your ideal type that you imagined in your mind. The lyrics "너는 내 취향 저격" ("you're just my style") from the track "취향 저격" that iKon released in 2015 reflect the meaning of this new word well.

Examples

● 그 카페의 최고의 인기 메뉴는 남녀노소 모두의 취향을 저격한 치즈 케이크다.

The most popular item at the café is a cheese cake that suits the preferences of men and women of all ages.

● 새로 나온 초소형 가습기는 소비자들의 취향을 저격했다.

The new ultra mini humidifier suits consumers preferences.

성윤

새로 온 전학생은 완전 내 취향 저격이야!
The new transfer student is totally my style!

지은

너 그런 스타일의 남자를 좋아하는구나. 말이 너무 많아서 짜증나던데.
So that's the style of man that you like. He annoys me because he talks too much.

성윤

그래? 나는 오히려 그런 남자가 활발하고 친절해서 좋아.
Really? I actually prefer men like that because they're active and friendly.

K-POP

iKON 취향저격
REDDY Like This
Girl's Generation Check

MAMAMOO 음오아예
Bobby Ur SOUL Ur BodY

DPR Live Jam & Butterfly
Jay Park Life

98

하드 캐리
Hard carry / To carry

Track 098

Quiz !?

1 '하드 캐리'의 의미는 무엇일까요?
What is the meaning of "하드 캐리"?

ⓐ 팀을 승리로 이끌다
ⓑ 하드 케이스 여행 캐리어
ⓒ 체육관에서 가장 무거운 아령을 들다

2 '하드 캐리'는 어디에서 유래되었을까요?
Where was "하드 캐리" derived from?

ⓐ 게임
ⓑ 뉴스
ⓒ 스포츠

"Hard carry" is said to have been derived from the online gaming term "carry." In online games, "carry" means the important role that leads to a victory, or the person who played that role. Adding "hard" before "carry," meaning "strongly" or "exceptionally well," the word came to be used when one particularly outstanding person on a team leads the whole team to victory. This term, which was originally used between online gamers, has now become widely used in everything from sports games to song lyrics and ad copy, and is used when referring to someone who played a big part in leading a previously faltering team to success. For example, when reporting on an actor in a drama whose incredible acting led the show to success, it's used with "열연" (meaning "열렬하게 연기한다," or "passionate acting"), in phrases such as "○○가 하드 캐리하는 열연을 펼치다" ("○○ gives an impassioned hard carry performance"), or in variety programs, when a cast member gets a lot of laughter, as "○○의 웃음 하드 캐리" ("○○'s hilarious hard carry"). It's also often combined with "활약" (meaning "active participation"), and used as in "○○의 하드 캐리 활약" ("○○'s active hard carry").

Examples

● 팀 워크가 필요한 상황에서 팀장의 **하드 캐리**가 큰 역할을 한다.

In situations where teamwork is required, the team leader has a big role as the carry.

● 후반전에 교체된 선수의 **하드 캐리**로 팀은 완승을 거두었다.

With the player substituted in during the second half carrying them, the team won a complete victory.

시우

> 나 이 게임 해 본 적 없는데 너 잘 해?
>
> I've never played this game before. Are you good at it?

지아

> 응, 걱정하지 마. 내가 **하드 캐리**해 줄게. 나만 믿어.
>
> Yeah, don't worry. I'll carry you. Just trust me.

시우

> 그래, 레벨이 높은 것을 보니 너한테 맡겨도 되겠다.
>
> Ok, seeing that your level's high, I should be able to leave it to you.

DEAN 21
Kisum, San E, Taewan 슈퍼스타

GOT7 하드캐리
Crush, BewhY 0-100

99

흑역사

Dark history / Dark past

Track 099

Quiz !?

① **'흑역사'의 의미는 무엇일까요?**
What is the meaning of "흑역사"?

ⓐ 말썽꾼
ⓑ 중세 역사
ⓒ 부끄럽고 수치스러운 과거

② **다음의 예 중에 '흑역사'가 <u>아닌</u> 상황은 무엇일까요?**
Which of the following examples isn't a situation of "흑역사"?

ⓐ 대학원을 졸업하고 석사 학위를 받았을 때
ⓑ 딱 3명 참석한 시합에서 동메달을 받았을 때
ⓒ 정치인이 다른 후보자에게 몰래 보낸 협박 편지를 들켰을 때

"흑역사" is a compound word made by combining "흑" ("darkness") with "역사" ("history"). A literal translation of "흑역사" is "history of the dark." "흑(黑)" means the color black. Black, which in the East is symbolic of respect and moderation, can, depending on the situation, have the symbolize something negative with its meaning of "dark" or image of being "unlucky." Everyone has moments in their past that they wish they could erase, and these incidents in the past that we want to hide forever are called "흑역사." It's a new word that means something so bad from our past that we wish we could turn back so it wouldn't happen. In the 2010s, the new word, which was popular in Japan, became popularized in Korean online communication and TV programs as it was used with the meaning of "a past one doesn't want to think of."

Examples

● 사람은 저마다 갖고 있는 흑역사를 비밀로 간직하길 원한다.
Everyone wants to keep their dark past secret.

● 대부분의 사람들에게 학창 시절 졸업 사진은 흑역사로 남아 있다.
For most people, their school graduation photos stay part of their dark past.

이준

> 너의 잊고 싶은 흑역사는 뭐야?
> What's your dark past that you want to forget?

나연

> 동물원에서 원숭이에게 바나나 주다가 원숭이한테 머리채 잡힌 적이 있어.
> One time I gave a banana to a monkey at the zoo and it grabbed my hair.

이준

> 사진은 없니?
> Got any pictures?

OH MY GIRL 살짝 설렜어　　　　　　　GFRIEND 짠

100

1도 모르다

To not know 1 / To know nothing / To have no idea

Track 100

Quiz !?

1 '1도 모르다'의 의미는 무엇일까요?
What is the meaning of "1도 모르다"?

ⓐ 섭씨 1도이다
ⓑ 하나도 모르겠다
ⓒ 아이디어가 딱 하나밖에 없다

2 '컴퓨터를 1도 모르는 사람'은 무슨 뜻일까요?
What is the meaning of "컴퓨터를 1도 모르는 사람"?

ⓐ 컴맹
ⓑ 컴퓨터 한 대가 꼭 필요한 사람
ⓒ 컴퓨터를 한 대만 사용할 줄 아는 사람

"1도 모르다" means "to know nothing," or "to have no idea." Korean has two ways of counting: using a native system of numbers and using a Sino-Korean character system of numbers. The native system of numbers goes "하나, 둘, 셋, 넷, 다섯···" etc., and is used when saying a person's age or the number of an amount of things. The Sino-Korean system of numbers goes "일, 이, 삼, 사, 오···" etc., and is used when saying numbers, dates, and sums of money. "1도 모르다" started to become widely popular among young people when on a popular entertainment program, the Canadian-born Chinese idol Henry accidentally said "하나도 모르겠다" incorrectly, with "1" pronounced "일" instead of using the native Korean number "하나." Originally, "하나" in "하나도 모르겠다" is a word that indicates "any one of many different things," but Henry, who understood the other meaning of "하나" as "the very first number," changed it to the number 1.

Examples

● 뉴스를 보지 않는 사람들은 요즘 나라 상황을 1도 모른다.
People who don't watch the news have no idea about what's going on in the country these days.

● 세금에 대해 1도 모르는 사람은 세무사를 선임해야 한다.
Someone who doesn't know anything about taxes should hire an accountant.

시우

너 그 공상 과학 소설 읽었어?
Did you read that science fiction novel?

나연

응, 읽었는데 내용을 1도 모르겠어.
Yeah, I read it but I have no idea what it's about.

시우

큰일났네. 독서 모임이 내일이잖아.
That's a big problem. Book club is tomorrow.

EXID AH YEAH   Apink 1도 없어   BIGBANG 에라 모르겠다
BTS Respect   Apink Nothing

부록
Appendix

PART 1 **관용어** Idioms

1 간에 기별도 안 가다
For the message to not even reach the liver
❶ ⓒ   ❷ ⓐ

2 고삐를 늦추다
To loosen the reins
❶ ⓒ   ❷ ⓑ

3 골로 가다
To go to the valley
❶ ⓐ   ❷ ⓑ

4 골탕 먹다
To eat bone broth soup
❶ ⓐ   ❷ ⓑ

5 귀에 못이 박히다
To get a callus in your ear
❶ ⓑ   ❷ ⓒ

6 그림의 떡
Rice cake in a picture
❶ ⓑ   ❷ ⓑ

7 김칫국부터 마시다
To drink kimchi soup first
❶ ⓒ   ❷ ⓒ

8 깡통을 차다
To wear a can
❶ ⓒ   ❷ ⓐ

9 깨가 쏟아지다
To rain sesame seeds
❶ ⓐ   ❷ ⓑ

10 낙인 찍다
To brand
❶ ⓒ   ❷ ⓒ

11 눈 깜짝할 사이
In the blink of an eye
❶ ⓑ   ❷ ⓒ

12 눈 하나 깜짝 안 하다
To not blink an eye
❶ ⓑ   ❷ ⓒ

13 눈앞이 캄캄하다
For it to be dark in front of one's eyes
❶ ⓐ   ❷ ⓐ

14 눈에 밟히다
To have one's eye stepped on
❶ ⓒ   ❷ ⓒ

15 대박이 나다
For a large gourd to sprout
❶ ⓐ   ❷ ⓑ

16 뒷구멍으로 호박씨를 까다
To shell pumpkin seeds with your behind
❶ ⓒ   ❷ ⓐ

17 딴전을 부리다/피우다
To act like it's a different shop
❶ ⓒ   ❷ ⓒ

18 말짱 도루묵
All sandfish
❶ ⓑ   ❷ ⓑ

19 머리에 맴돌다
To hover in one's head
❶ ⓒ   ❷ ⓑ

20 바가지를 긁다
To scratch the bowl
❶ ⓑ   ❷ ⓒ

21 바람을 피우다
To act like the wind
❶ ⓒ　　　　　❷ ⓐ

22 발이 떨어지지 않다
For one's feet to not come up off the ground
❶ ⓒ　　　　　❷ ⓑ

23 배가 아프다
For one's stomach to hurt
❶ ⓑ　　　　　❷ ⓒ

24 배꼽을 잡다
To grab one's belly button
❶ ⓑ　　　　　❷ ⓒ

25 배알이 꼴리다
For one's guts to be twisted
❶ ⓑ　　　　　❷ ⓐ

26 백기를 들다
To raise a white flag
❶ ⓐ　　　　　❷ ⓒ

27 본전도 못 찾다
To be unable to even find the principal
❶ ⓒ　　　　　❷ ⓐ

28 비위를 맞추다
To adjust one's stomach
❶ ⓒ　　　　　❷ ⓒ

29 산통을 깨다
To break the box of fortunes
❶ ⓑ　　　　　❷ ⓒ

30 새빨간 거짓말
A bright red lie
❶ ⓒ　　　　　❷ ⓑ

31 속이 타다
For one's insides to burn
❶ ⓑ　　　　　❷ ⓑ

32 손꼽아 기다리다
To wait counting on one's fingers
❶ ⓒ　　　　　❷ ⓒ

33 시치미를 떼다
To take a name tag off a falcon
❶ ⓒ　　　　　❷ ⓒ

34 애가 타다
For one's intestines to burn
❶ ⓒ　　　　　❷ ⓑ

35 약이 오르다
For one to be nettled
❶ ⓒ　　　　　❷ ⓒ

36 어깨가 무겁다
For one's shoulders to be heavy
❶ ⓑ　　　　　❷ ⓐ

37 오지랖이 넓다
For the front of one's clothes to be wide
❶ ⓐ　　　　　❷ ⓐ

38 이를 악물다
To grit one's teeth
❶ ⓒ　　　　　❷ ⓐ

39 족쇄를 채우다
To put shackles on
❶ ⓑ　　　　　❷ ⓐ

40 쥐도 새도 모르게
Without a mouse or a bird realizing
❶ ⓒ　　　　　❷ ⓐ

41 직성이 풀리다
For one's star to be released
❶ ⓒ　　　　　❷ ⓑ

42 찬물을 끼얹다
To douse with cold water
❶ ⓒ　　　　　❷ ⓒ

43 총대를 메다
To carry the gunstock
❶ ⓑ　　　❷ ⓐ

44 탈을 쓰다
To wear a mask
❶ ⓒ　　　❷ ⓑ

45 통이 크다
For the size to be big
❶ ⓒ　　　❷ ⓑ

46 퇴짜를 놓다/맞다
To mark/to be marked with the character for "reject"
❶ ⓑ　　　❷ ⓒ

47 트집을 잡다
To grab at a hole
❶ ⓒ　　　❷ ⓑ

48 풀이 죽다
For the starch to give way
❶ ⓐ　　　❷ ⓐ

49 학을 떼다
To get rid of malaria
❶ ⓒ　　　❷ ⓒ

50 허리띠를 졸라매다
To tighten one's belt
❶ ⓐ　　　❷ ⓑ

PART 2 사자성어 Four-Character Idioms

51 경거망동 輕擧妄動
To behave frivolously and foolishly
❶ ⓒ　　　❷ ⓑ

52 고진감래 苦盡甘來
After all of the bitterness comes sweetness
❶ ⓑ　　　❷ ⓒ

53 금상첨화 錦上添花
Adding flowers on top of silk
❶ ⓑ　　　❷ ⓒ

54 기고만장 氣高萬丈
For one's energy to rise to a height of 10,000 jang
❶ ⓒ　　　❷ ⓒ

55 노심초사 勞心焦思
To be so concerned with something that one burns with worry
❶ ⓒ　　　❷ ⓒ

56 대기만성 大器晩成
For a large bowl to be completed late
❶ ⓒ　　　❷ ⓑ

57 배은망덕 背恩忘德
To forget and betray the favor you received from someone
❶ ⓒ　　　❷ ⓒ

58 백발백중 百發百中
To shoot 100 times and hit 100 times
❶ ⓑ　　　❷ ⓑ

59 백전백승 百戰百勝
To fight 100 times and win 100 times
❶ ⓑ　　　❷ ⓒ

60 사필귀정 事必歸正
Everything will certainly return to the proper path
❶ ⓒ　　　❷ ⓐ

61 안하무인 眼下無人
Below one's eyes, nobody exists
❶ ⓒ　　　❷ ⓒ

62 약육강식 弱肉強食

The flesh of the weak becomes the food of the strong

1 ⓐ　　　　　**2** ⓑ

63 오매불망 寤寐不忘

To be unable to forget while asleep or awake

1 ⓒ　　　　　**2** ⓒ

64 우유부단 優柔不斷

To be so soft that one can't make a decision

1 ⓒ　　　　　**2** ⓒ

65 유유자적 悠悠自適

To live as one pleases, in leisure and relaxation

1 ⓒ　　　　　**2** ⓑ

66 이심전심 以心傳心

To communicate from heart to heart

1 ⓒ　　　　　**2** ⓒ

67 이열치열 以熱治熱

To use heat to deal with heat

1 ⓒ　　　　　**2** ⓒ

68 작심삼일 作心三日

A firmly made up mind cannot last 3 days

1 ⓒ　　　　　**2** ⓑ

69 절치부심 切齒腐心

To gnash one's teeth and for one's mind to be troubled

1 ⓑ　　　　　**2** ⓒ

70 조강지처 糟糠之妻

A wife who shared a meal of dregs of liquor and rice bran

1 ⓐ　　　　　**2** ⓒ

71 천방지축 天方地軸

The direction of the heavens and the axis of the earth

1 ⓒ　　　　　**2** ⓑ

72 천생연분 天生緣分

A relationship decided by the heavens

1 ⓐ　　　　　**2** ⓒ

73 칠전팔기 七顚八起

To fall down seven times and get up eight times

1 ⓒ　　　　　**2** ⓒ

74 함흥차사 咸興差使

A government official dispatched to Hamheung

1 ⓒ　　　　　**2** ⓒ

75 호시탐탐 虎視眈眈

A tiger stares and glowers

1 ⓒ　　　　　**2** ⓑ

PART 3　유행어 Slang

76 극혐

Ultra hate / Ultra disgusting

1 ⓑ　　　　　**2** ⓒ

77 깜놀

Shocked / Shook

1 ⓑ　　　　　**2** ⓒ

78 꼰대

Kkondae / Boomer

1 ⓒ　　　　　**2** ⓐ

79 꽃길만 걷자

Let's only walk on paths of flowers / Everything's coming up roses

1 ⓐ　　　　　**2** ⓒ

80 노답

No answer / No solution

1 ⓒ　　　　　**2** ⓒ

81 노잼
No fun / Not funny
① ⓐ   **②** ⓐ

82 눈누난나
Nunu nana
① ⓒ   **②** ⓒ

83 라떼는 말이야
A Latte is… / Back in my day
① ⓒ   **②** ⓐ

84 멘붕
Mental collapse / Mental breakdown
① ⓑ   **②** ⓐ

85 무야호
Mu-Yahoo
① ⓐ   **②** ⓒ

86 소확행
Small but certain happiness
① ⓑ   **②** ⓒ

87 솔까
Honestly
① ⓐ   **②** ⓒ

88 심쿵
Heart boom / Heart pounding
① ⓒ   **②** ⓐ

89 썸 타다
To feel "Some" / To be in a situationship
① ⓐ   **②** ⓒ

90 어그로
Aggro / Provoking / Trolling
① ⓒ   **②** ⓐ

91 열폭
Inferiority explosion
① ⓐ   **②** ⓑ

92 인싸
Insider / Social / Popular
① ⓒ   **②** ⓐ

93 입덕하다
To become a fan / To get hooked
① ⓑ   **②** ⓑ

94 지못미
Sorry I couldn't protect you
① ⓑ   **②** ⓒ

95 쩔다
To be salted / To be awesome /
To be very good or bad
① ⓒ   **②** ⓐ

96 최애
Most loved / Bias
① ⓑ   **②** ⓑ

97 취향 저격
Preference shot / My style
① ⓒ   **②** ⓒ

98 하드 캐리
Hard carry / To carry
① ⓐ   **②** ⓐ

99 흑역사
Dark history / Dark past
① ⓒ   **②** ⓐ

100 1도 모르다
To not know 1 / To know nothing /
To have no idea
① ⓒ   **②** ⓐ

PART 1 **관용어** Idioms

1 간에 기별도 안 가다

For the message to not even reach the liver

예부터 사람의 몸은 5개의 장과 6개의 부로 구성되어 있다고 합니다. 이를 오장육부라고 합니다. 그중 간은 중요 기관 중 하나로 대사 작용을 담당합니다. 사람이 섭취한 음식은 위에서 소화 과정을 거친 후, 그 영양분을 분해해서 적당한 에너지로 우리 몸에 저장됩니다. 이 분해와 저장 기능을 간이 담당합니다. 따라서 적게 먹으면 간이 분해하고 저장할 영양분의 양도 적을 수밖에 없습니다. 또한 '기별'이라는 명사는 조선 시대 승정원에서 궁궐의 소식을 알리기 위해 발행하는 아침 소식지를 뜻했고, 오늘날 신문의 일종이라고 볼 수 있습니다. 신문에 해당하는 고유 명사 '기별'이 오늘날에는 사실을 알리는 '소식'이라는 의미의 일반 명사로 전환되었습니다. '간에 기별도 안 간다'는 기대와는 어긋나게 매우 적은 음식을 먹었다는 것을 뜻합니다. 즉 간까지 소식이 가지 않을 만큼, 먹은 것이 적어 먹으나 마나 하다는 것입니다

2 고삐를 늦추다

To loosen the reins

말이나 소를 몰기 위해서는 '고삐'가 필요합니다. '고삐'는 말의 입에 물리는 재갈이나 소의 코에 끼우는 코뚜레처럼 짐승의 머리 부분에 연결하는 줄로, 머리에 잡아매어 짐승을 길들이는 장비를 말합니다. 사람들은 '고삐'라는 줄을 바짝 당기거나 늦추면서 말이나 소 같은 가축을 이리저리 원하는 대로 몰 수 있습니다. 이처럼 고삐를 죄고 푸는 것에 빗대어 어떤 사람이나 집단에서 추진하는 일의 속도를 늦추거나 긴장을 누그러뜨릴 때 '고삐를 늦추다'라는 관용구를 사용합니다. 반대로, 사태를 조금도 늦추지 않고 긴장하거나 기세를 억눌러 조절할 때에는 '고삐를 조이다'라고 말합니다. 이처럼 고삐와 관련된 다양한 관용구가 존재하는데, 얽매이지 않거나 통제 받지 않는 상황을 나타낼 때에는 '고삐가 풀리다'라고 합니다. 또한 고삐가 매어 있지 않아 마음대로 뛰어다니는 소나 말의 모습처럼 거칠고 제멋대로 행동하는 사람을 빗대어 '고삐 풀린 망아지(어린 말)'라고 합니다.

3 골로 가다

To go to the valley

'골로 가다'는 '골'이라는 명사와 '가다'라는 동사로 구성된 '죽다'를 의미의 관용구입니다. '골'의 어원은 분명하지 않아서 이에 대한 여러 의견이 있습니다. 먼저 시신을 담는 관을 뜻하는 고어에서 유래되었다는 의견이 있는데, 이 관용구가 최근에 사용되어 왔다는 이유를 들어 이를 반박하기도 합니다. 또 다른 의견으로 '골'이 골짜기를 의미하는 한자 곡(谷)에서 유래되었다고 합니다. 이 주장의 근거로는 옛날부터 사람이 죽으면 깊은 골짜기에 묻었기 때문이라는 점을 내세우고 있습니다. '골로 가다'는 '뒈지다', '거꾸러지다'와 같은 속된 비속어로 분류되므로 주의해서 사용해야 합니다. 같은 의미의 표준어로는 '죽다', '사망하다' 등이 있습니다. 한편, 죽음과 관련된 관용구로 '눈을 감다', '숨을 거두다'. '돌아가다'와 같이 은유적이고 아름다운 표현도 사용됩니다.

4 골탕 먹다

To eat bone broth soup

'골탕'이라는 음식 이름에서 유래한 '골탕 먹다'는 '한꺼번에 크게 곤란을 당하거나 손해나 피해를 입는다'라는 의미입니다. 누구에게 손해를 입히는 경우에는 '골탕 먹이다'라고 표현합니다. 두 표현 모두 의도적으로, 계획적으로 하는 행동을 일컫는 말입니다. 원래 '골탕'이라는 단어는 소의 머릿골이나 등골을 맑은 장국에 넣어서 끓여 먹는 국을 뜻합니다. 즉 '골탕 먹다'의 본래 뜻은 맛있는 고기 국물을 먹는 것입니다. 하지만 소리가 비슷한 단어로 '곯다'라는 말이 있는데, 이는 '피해를 입어 병이 들다'를 뜻합니다. '곯다[골타]'와 '골탕'의 발음이 서로 비슷했기 때문에 골탕에는 '곯다'의 의미가 더해졌습니다. 그리고 '먹다'라는 말에 '입다, 당하다'라는 의미가 부여되면서 음식 이름과는 전혀 다른 의미가 되었습니다.

5 귀에 못이 박히다

To get a callus in your ear

'귀에 못이 박히다'라는 표현은 걱정과 꾸지람이 반복될 때 짜증을 섞어 표현하는 말입니다. "이웃에게 인사를 잘하거라", "횡단보도를 건널 때는 좌우를 살피고 건너렴", "밤길을 걸을 때 이어폰을 끼면 안 된다"처럼, 어릴 적부터 성인이 된 지금까지 부모님으로부터 계속해서 같은 내용을 들을 때마다 잔소리로 여긴 경험은 누구나 있을 것입니다. 이렇게 같은 말을 계속해서 들었을 때, '귀에 못이 박히다'라는 표현을 사용합니다. 이 관용구에서 '못'은 쇠로 된 뾰족한 물건을 지칭하는 것이 아니라, 반복되는 마찰로 인해 손이나 발에 생기는 두껍고 단단한 굳은 살을 일컫는 말입니다. 기타를 연주하거나 골프를 자주 치는 사람의 손에 단단한 굳은살이 생긴 것을 볼 수 있습니다. 이때에도 손이나 손가락에 '못이 박이다'라는 표현을 씁니다. 이처럼 같은 말을 질리도록 듣는 것을 귀에 굳은살이 생겼다(못이 박혔다)고 비유적으로 표현한 것입니다. 보통 '못이 박이다'로 표현하는 것이 올바르나 이 관용구에 한해서는 '못이 박히다'로 사용합니다.

6 그림의 떡

Rice cake in a picture

텔레비전을 시청하면서 맛있는 음식을 먹고 있는 장면을 보고 나도 한번 먹어 보고 싶은 생각이 들면, '그림의 떡'은 "삼국지 위서"의 '노육전'에서 유래된 것으로 알려져 있습니다. 중국 삼국 시대의 열조 명황제 조예 왕은 학식이 높고 행실이 단정하다고 명성이 높았던 노육이라는 신하를 아꼈습니다. 조예는 조정에서 일할 인재를 등용하는 자리에 노육을 앉히며 "인재를 얻고 못 얻음은 그대에게 달려 있다. 명성은 땅 바닥에 그려 놓은 떡과 같아 먹을 수 없으니 명성만 보아서는 안 된다."라는 말을 전했는데, 이 구절에서 '화중지병' 즉 '그림의 떡'이 유래한 것입니다. 이렇듯 '그림의 떡'은 먹고 싶어도 먹을 수 없는, 갖고 싶어도 실제로 가질 수 없는 소망이나 꿈을 의미합니다.

7 김칫국부터 마시다

To drink kimchi soup first

김치는 대표적인 한국 음식 중에 하나입니다. 김치는 재료에 따라 배추김치, 파김치, 나박김치 등이 있습니다. 이 말은 '떡 줄 사람은 생각도 안 하는데 김칫국부터 마신다'라는 속담에서 파생되었습니다. 떡의 주재료는 쌀인데 과거에는 쌀이 비싸고 손도 많이 가서 명절이나 잔칫날에만 떡을 만들어 이웃들과 나눠 먹곤 했습니다. 또한 지금처럼 음료수가 흔하지 않던 과거에는 떡을 먹을 때 목이 메지 않고 소화가 잘되도록 맑고 시원한 국물이 있는 동치미 혹은 나박김치와 함께 먹었습니다. 이 표현은 이웃에서 떡을 하면 자신에게도 당연히 갖다 줄 것이라고 생각하여 김칫국을 미리 준비해 놓는 모습을 비꼬는 표현입니다. '김칫국부터 마시다'는 앞뒤를 재지 않고 지레짐작하여 미리 바라거나, 일이 벌써 다 된 것처럼 행동하는 모습을 표현한 것입니다. 최근 젊은이들 사이에서는 '김칫국부터 마시다'라는 표현을 영어와 섞어 '김칫국 드링킹(drinking)'이라고 합니다. 이 표현은 조롱을 담고 있어 사용할 때 주의해야 합니다.

8 깡통을 차다

To wear a can

"아이고! 우리 집안은 이제 망했네. 완전히 깡통 차는 신세가 된 거야"라는 표현을 언젠가 한국 드라마의 한 장면을 본 적이 있나요? 그렇다면 여기서의 '깡통을 차다'라는 표현의 의미를 바로 알 수 있을 것입니다. '깡통을 차다'는 한국의 어두운 현대사의 한 단면을 보여 주는 말입니다. 일제의 식민 지배로부터 해방된 한국은 서양 문물과 제도를 본격적으로 받아들이면서, 외래어 사용도 늘기 시작했습니다. '깡통'은 영어 can과 같은 의미의 한국어 '통'이 결합된 단어입니다. 동사 '(…을/를) 차다'는 여기서는 '허리에 묶어 매달고 다니다'라는 의미입니다. 1950년대 한국에서 생활 물품이 부족해지자 미군부대에서 버려진 빈 캔을 주워서 걸인들이 동냥을 하며 음식 담는 그릇으로, 즉 '통'으로 사용하면서, '깡통을 차다'라는 관용구가 생겨났습니다. 한마디로 거지 신세가 되거나 밥을 빌어먹는 처지가 되었다는 의미입니다. 이 표현과 비슷한 의미로 '쪽박을 차다'가 있고, 정반대의 의미인 부자가 됨을 나타내는 '돈방석에 앉다'라는 말이 있습니다.

9 깨가 쏟아지다

To rain sesame seeds

깨의 종류에는 들깨와 참깨가 있는데, 그중 참깨

는 고소함과 달콤함을 상징하는 씨앗입니다. '깨가 쏟아진다'는 참깨를 수확하는 모습과 연관이 있습니다. 참깨를 수확하려면 우선 낫으로 참깨(나무)를 벤 후 단으로 묶어 햇볕에 오랫동안 바싹 말려야 합니다. 잘 말린 참깨 나무 묶음을 막대로 툭툭 치면 참깨가 우수수 떨어집니다. 이렇듯 '깨가 쏟아진다'는 서로 살짝만 건드려도 깨가 우수수 쏟아지는 것처럼 달달하고 고소한 사랑이 넘치는 신혼부부나 연인의 모습을 빗대어 표현한 것입니다. 참깨를 볶아 가루로 만들어 소금을 첨가한 조미료를 깨소금이라고 하며, 참깨로 만드는 기름을 참기름이라고 합니다. '깨소금'과 '참기름'처럼 깨를 원료로 가공하는 식품은 고소하고 달콤해서 행복을 연상하는 의미로 주로 표현됩니다.

10 낙인 찍다
To brand

동물에게 낙인을 찍는 것은 오랜 세월에 거쳐 유목 생활과 가축을 사육하면서 행해 온 식별 방법입니다. 오늘날에도 소나 말 같은 가축을 기르는 곳에서는 가축들이 뒤섞이지 않도록 가축의 몸에 불에 달군 쇠붙이 도장을 찍어 표시합니다. 과거에는 가축뿐만 아니라 노예를 구별하는 수단으로, 심지어 소유권의 표식으로 사람에게도 사용했습니다. 또한 형벌 중 하나로 죄인의 몸에 낙인을 찍기도 했습니다. 낙인은 쉽게 지우거나 없앨 수 없어, 한번 낙인이 찍힌 사람들은 평생 불명예를 안고 살아야 했습니다. 오늘날 '낙인 찍다'는 누군가의 몸에 도장을 찍는 것이 아니라 어떤 대상을 나쁘게 인식하여 벗어나기 어려운 부정적 평가를 내린다는 비유적인 의미로 사용하고 있습니다. 한번 문제를 일으키고 나면 부정적인 평가가 그 사람을 내내 따라다니기 때문에, 좋지 않은 일로 남에게 주목을 받을 때 주로 '낙인 찍히다'라고 표현합니다. 낙인을 찍는 것처럼 어떤 사람이나 사물에 대해 좋지 않은 평가를 내릴 때 '꼬리표를 달다'라는 말을 쓰기도 합니다.

11 눈 깜짝할 사이
In the blink of an eye

매우 짧은 시간을 가리켜 '눈 깜짝할 사이(새)'라고 표현합니다. 한국에서는 '깜작이다, 깜짝이다, 깜빡이다' 등과 같은 단어들을 일상적으로 혼용하고 있으며 모두 표준어입니다. 눈이 감겼다 뜨이는 모양을 '깜작이다'라고 하며, 이보다 더 센 표현을 '깜짝이다'라고 합니다. 또한 눈꺼풀이 내려갔다 올라오는 과정을 '눈 깜빡임'이라고 합니다. 사람은 보통 분당 15~20회 눈을 깜빡이며, 눈 깜빡임 속도는 평균적으로 100~150msec 정도라고 합니다. 이것은 1초의 10분의 1(100msec) 정도에 해당하는 아주 빠른 속도입니다. 이렇듯 '눈 깜짝할 사이'의 '깜짝'은 눈을 완전히 감았다 뜨는 '깜빡임'보다 더 빠르게 눈을 '살짝' 감았다 뜨는 아주 짧은 순간을 의미합니다. 이렇게 '눈 깜짝할 사이'처럼, 숨을 한 번 쉴 만한 동안을 뜻하는 '순식간에', 아주 짧은 시간을 뜻하는 불교 용어에서 온 '찰나에' 등도 매우 짧거나 빠른 시간의 흐름을 의미하는 표현입니다.

12 눈 하나 깜짝 안 하다
To not blink an eye

사람들은 눈앞에 무언가 갑자기 나타날 때, 혹은 무서운 영화를 볼 때 자기 자신도 모르게 놀라면서 눈을 깜짝입니다. '깜짝이다'는 눈이 살짝 감겼다 뜨였다 한다는 것을 의미합니다. 그래서 '눈 하나 깜짝 안 하다'는 태도나 기색이 아무렇지 않은 듯이 예사롭게 구는 모습을 나타내며, 겁나고 위험한 일에도 태연스럽게 행동한다는 뜻입니다. 생물학적으로 인간은 뜻밖의 돌출 상황을 만나면 당연히 눈부터 깜빡인다고 합니다. 이런 자연 현상과 반대로 외부의 충격에도 불구하고 눈을 뜨고 그 상태를 유지한다는 것은 무척 특이하고, 비장할 수밖에 없다고 볼 수 있습니다. 이런 모습으로부터 이 말이 파생되었습니다. '눈 하나 깜짝 안 하다'라는 표현은 '어떤 사건이 닥쳐도 태연하다, 놀라는 기색이 전혀 없다, 두려워하지 않는다'라는 의미를 나타냅니다.

13 눈앞이 캄캄하다
For it to be dark in front of one's eyes

'눈앞이 캄캄하다'를 말 그대로 표현하면 눈을 떴을 때 앞에 보이는 것이 빛 하나 없는 어둠 그 자체라는 뜻입니다. 시야에 잡히는 것이 전혀 없이 어둠으로 둘러싸여 있다면, 당혹스러운 감정과 함께 어찌할 방법을 몰라 막막할 것입니다. 사람이 위험이나 어려운 상황에 직면할 때에는 앞으로 벌어질 일을 가늠할 수 없어 두려움과 절

227

망을 느끼게 됩니다. 이렇듯 '눈앞이 캄캄하다'는 '어찌할 바를 몰라 아득하다'라는 의미입니다. 여기서 '눈앞'이라는 말은 단순히 눈의 바로 앞을 나타내거나 눈으로 볼 수 있는 가까운 곳이 아닌 '아주 가까운 장래'를 의미합니다. 이를 더욱 강조하여 '눈앞이 새까맣다'라고 할 수 있고, 이와 반대로 '전망이나 앞길이 뚜렷해지다, 세상 사정을 똑똑히 알게 되다'라는 의미로 '눈앞이 환해지다'라는 표현이 있습니다.

14 눈에 밟히다
To have one's eye stepped on

'눈에 밟히다'는 '잊히지 않는다', '자꾸 생각이 난다'라는 의미입니다. '밟히다'는 밟다'의 피동사로, 발에 닿아 눌린다는 뜻입니다. 하지만 '눈에 밟히다'는 물리적으로 눈에 밟혀 눌린다는 뜻이 아니라, 어떠한 대상이 잊히지 않고 자꾸 떠오른다는 의미입니다. 즉, 무언가 자꾸 생각나고 걱정될 때, 혹은 간절히 원하거나 보고 싶은 대상이 눈앞에 선하게 어른거려 눈을 감아도 보일 정도로 '보고 싶다'는 의미입니다. 주로 가슴 아픈 일이 잊히지 않고 오랫동안 머릿속을 맴도는 경우에 사용합니다. 이 관용구는 사람뿐만 아니라 동물이나 사물을 대상으로 쓸 수도 있습니다. 잃어버린 고양이를 그리워할 때나 자신이 소중하게 아끼던 물건을 잃어버렸을 때 이것들이 자주 떠오르는 상황을 표현하는 경우에도 사용할 수 있습니다.

15 대박이 나다
For a large gourd to sprout

농사를 지어 수확한 열매는 긍정과 희망의 결실을 의미합니다. 박은 고전 소설 "흥부전"에 등장하는 과실로 가난한 흥부 가족에게 부와 행운을 선물한 열매입니다. 1990년대 중반부터 '큰 성공'이라는 의미의 신조어 '대박'이 젊은이들 사이에서 널리 쓰이고 있습니다. 박이 오래전부터 한국인에게 친숙하다는 점, 그리고 크게 낭패를 당해 '거지가 되다'라는 의미의 '쪽박 차다'라는 관용구가 이미 널리 사용되고 있다는 점 때문에 '대박'이라는 신조어가 생길 수 있었을 것입니다. 주로 '대박이 나다', '대박을 터뜨리다', '대박을 치다'라고 말합니다. 또한 '대박이 나다'라는 말은 어느 정도의 이익이 아니라 크게 성공한다는 의미를 담고 있어 '대박'을 터뜨리기 위해 한

탕 하려는 투기나 도박을 하는 경우처럼 부정적인 의미로도 사용합니다. '대박'은 긍정과 부정 표현의 두 면을 동시에 의미하고 있어 감정을 너무 쉽게 드러내는 교양 없는 표현이라고 평가하는 사람들도 있습니다.

16 뒷구멍으로 호박씨를 까다
To shell pumpkin seeds with your behind

호박은 먹을 것이 부족했던 시절에 굶주림을 해결해 주는 훌륭한 작물이었습니다. 오늘날에도 즐겨 먹는 호박은 어린 애호박부터 다 익은 늙은 호박뿐만 아니라, 호박씨를 비롯해 호박 잎까지도 식용으로 사용되고 있습니다. 옛날에는 가을에 수확을 끝내고 긴 겨울 밤을 보내면서 말린 호박씨를 가족이나 동네 사람들이 모여 함께 까 먹는 풍속이 있었는데, 이것은 가난 속에 화목을 상징하기도 했습니다. 호박씨를 먹기 위해서는 껍질을 이나 손으로 벗기고 속 알맹이만 먹습니다. 하지만 굶주림이 일상이었던 때에는 배가 고픈 나머지 다른 사람들보다 먼저 많이 먹으려고 몰래 껍질조차 까지 않고 통째로 먹는 경우가 있었고, 이것은 배변을 통해 어김없이 드러날 수밖에 없었습니다. 껍질을 까지 않은 호박씨는 소화가 되지 않고 그대로 배변에 섞여 배출되기 때문입니다. 이렇듯 '뒷구멍으로 호박씨를 까다'라는 표현은 몰래하는 행동을 빗대어 나타냅니다. '뒷구멍'은 배변을 보는 신체의 배출구 '항문'을 의미합니다.

17 딴전을 부리다/피우다
To act like it's a different shop

'딴전 부리다/피우다'는 '딴전'과 '부리다' 또는 '피우다'가 결합하여 하나의 관용구를 이루고 있습니다. '딴전'의 '딴'은 '아무런 관계없이 다른'이란 의미이고, '전'은 '가게'라는 뜻에서 비롯되었다는 해석이 있습니다. 즉, 어떤 일과 관계없는 일이나 행동이라는 뜻으로 '딴전'이 쓰입니다. 따라서 '딴전을 부리다/피우다'는 자신의 일은 제대로 하지 않고 엉뚱하게 다른 일이나 다른 이의 일에 관심을 집중하는 것을 나타낼 때 사용합니다. 예를 들어, 어떤 일을 해야만 하는 사람이 전혀 관계없는 말이나 행동을 하는 경우에 '딴전 피우지 말고 네 일에 신경 써'라고 충고할 때 사용합니다. 어떤 일이나 말에 전혀 자신은 관계가 없다는 듯이 꾸미는 경우에도 이 관용구를 사용

할 수 있습니다. 딴전과 같은 의미로 '딴청'이라고도 표현합니다. 이때 '부리다'와 '피우다'는 같은 의미로 사용되는 서술어입니다.

18 말짱 도루묵

All sandfish

'모두, 전부'라는 의미의 '말짱'과 물고기 이름 '도루묵'이 합쳐진 '말짱 도루묵'은 일이 제대로 풀리지 않거나 애쓰던 일이 물거품이 되어 버리는 경우, 힘써서 한 일이 아무 소용이 없게 되었다는 의미로 쓰입니다. 옛 문헌에는 '도루묵'을 '목어, 돌목, 도로목' 등으로 불렀습니다. 도루묵과 얽힌 전설과 민간 설화들이 있는데, 그중 도루묵이 '다시 목어'가 되어 버렸다는 일화 하나를 소개하겠습니다. 전쟁을 피해 도망치던 굶주림에 지친 국왕이 '목어'라는 생선 구이를 먹고 너무 맛이 있어, 그 이름을 은빛 물고기란 의미로 '은어'라고 고쳐서 부르라고 명령하였습니다. 전쟁이 끝나고 마침내 평화가 찾아오자 배불리 먹고 지내던 국왕은 피난 시절 맛있게 먹었던 '목어' 즉 '은어'를 떠올리고 그 생선 구이를 찾았습니다. 하지만 국왕의 입맛은 이미 좋은 음식에 길들여져서 더 이상 '은어'가 맛있게 느껴지지 않았습니다. 그래서 바꿔 부르도록 한 예쁜 이름인 '은어'를 '다시(도로) 목어'라고 부르도록 명령을 내렸다고 합니다. 이렇게 은어는 다시 '도루묵'이 되었습니다.

19 머리에 맴돌다

To hover in one's head

'맴돌다'라는 동사는 멀리 떠나지 않고 일정한 장소나 주위를 계속해서 돌고 있는 상태를 의미하는데, '머리'와 함께 사용하여 '머리에 맴돌다'라고 표현하면, '끊임없이 분명하지 않은 생각이 떠올라 머릿속에서 사라지지 않고 남아 있는 상태'를 의미합니다. 즉, '머리에 맴돌다'는 옛날에 일어났던 일들이나 지난 특정 시기의 경험이 생각날 듯 말 듯하면서 계속해서 지워지지 않는 마음의 상태, 뚜렷하지 않은 기억의 잔상을 표현하는 말입니다. '머리에 맴돌다'처럼 사람의 심리 상태를 신체 기관과 함께 사용하여 독특한 인간의 감정을 표현한 사례로는 '눈에 밟히다', '귀에 익다', '귓가에 맴돌다' 등을 들 수 있습니다.

20 바가지를 긁다

To scratch the bowl

바가지는 '박'이라는 열매로 만든 오목한 그릇을 뜻하는 말입니다. 옛날에 한국에서 바가지는 부엌살림에 필수적인 도구였습니다. 최근에는 박으로 만든 그릇뿐만 아니라 플라스틱으로 만들어진 오목한 그릇을 모두 바가지라고 부릅니다. 옛날에는 마을에 전염병이 번지면 귀신이 붙어 생긴 병이라고 생각했기 때문에 귀신을 쫓기 위해 무당을 불러 굿을 했습니다. 굿판에서 무당은 바가지를 박박 긁으며 시끄러운 소리를 냈는데, 귀신이 이런 바가지 긁는 소리를 듣다 못해 도망가 병이 낫는다고 믿었기 때문입니다. 즉, '바가지를 긁는다'라는 말은 잔소리를 귀신이 시끄러워서 달아날 정도로 듣기 싫은 바가지 긁는 소리에 빗대어 표현한 것입니다. 특히 아내가 남편에게 불평불만을 늘어놓으며 잔소리를 심하게 한다는 뜻으로 많이 사용합니다.

21 바람을 피우다

To act like the wind

'바람을 피우다'는 정상적인 관계를 맺은 남녀 사이에서 한 사람에게 만족하지 못하고 다른 이성에게 향하는 비윤리적 행위를 가리키는 표현입니다. '바람을 피우다'에서 '바람'은 '마음이 끌리어 몰래 다른 이성과 관계를 가짐'이란 의미이고, '피우다'는 일부 명사와 함께 쓰여 그 명사가 뜻하는 행동이나 태도를 나타냅니다. 이것은 애인이나 배우자가 있는 사람이 다른 이성에게 관심을 갖거나 마음을 주고 잠시 사귀는 것, 혹은 부부나 연인 관계에 있는 사람이 상대방 몰래 다른 이성과 관계를 가지는 일탈 행위를 가리키는 말입니다. 이 때문에 '바람을 피우다'라는 표현은 외도와 같은 부적절한 관계를 맺는 경우에 사용됩니다. 바람이 본질적으로 일정한 장소에 머물러 있을 수 없듯이, '바람을 피우다'는 사람도 한 사람에게만 머물지 못하고 다른 이성에게 관심을 보이거나 관계를 맺는 모습에서 유래되었습니다.

22 발이 떨어지지 않다

For one's feet to not come up off the ground

'발이 떨어지지 않는다'는 헤어지기 섭섭해서 이별을 아쉬워하는 의미 또는 근심이나 걱정으로 마음이 놓이지 않는다는 뜻입니다. 누군가와 즐거운 시간을 보낸 후에 헤어질 때가 되면 아쉬움에 쉽게 떠나지 못하는 경험을 한 번쯤 해 보았을 것입니다. 이때 쓸 수 있는 말이 바로 '발이 떨어지지 않는다'입니다. 자기 곁에 도움이 필요한 사람이 있을 때 걱정이 너무 커서 옆에서 지켜 주고 싶은 마음을 잘 드러내 주는 표현이기도 합니다. 실제로 우리는 심리적으로 아쉬움을 느끼면 물리적으로도 발이 잘 떨어지지 않게 되는 경우를 종종 경험할 수 있습니다. '발이 떨어지지 않는다'와 같이 마음이 놓이지 않아 선뜻 떠날 수 없다는 뜻의 관용구로는 '발길이 떨어지지 않는다', '발걸음이 떨어지지 않는다'라고도 표현합니다.

23 배가 아프다
For one's stomach to hurt

사람의 감정은 말이나 표정 등으로 드러나기도 하지만 신체에도 영향을 끼쳐 질병으로 나타나기도 합니다. 한국의 유명한 전통 의학서인 "동의보감"에서는 인간의 감정을 기쁨, 노여움, 근심, 생각하는 마음, 슬픔, 두려움, 놀란 마음 등 7가지로 분류하고, 이를 간, 심장, 위, 신장 등과 같은 신체 기관과 연관 지어 질병의 원인으로 분석하고 있습니다. 이처럼 질병의 원인을 정신과 육체의 유기적인 관계로 파악하는 점이 한국의 전통 의술의 특징이기도 합니다. 그중에서 인간의 시기와 질투심은 간을 손상시켜 간과 연결된 위의 근육 통증을 유발하게 되고, 이는 복통으로 진행된다고 합니다. 그래서 가까운 사람들이 성공하거나 잘된 경우에 질투심이 발동되면 배가 아플 수밖에 없다고 합니다. 이를 빗댄 속담으로 '사촌이 땅을 사면 배가 아프다'가 있습니다.

24 배꼽을 잡다
To grab one's belly button

'배꼽을 잡다'는 웃음을 참지 못하여 배를 움켜잡을 만큼 웃긴다라는 뜻입니다. 배꼽은 복부의 중앙에 위치한 움푹 패인 부분으로, 출생한 아이의 탯줄이 말라 떨어지고 난 부위입니다. '잡다'는 '(손으로) 움켜쥐다', '붙들다', '죽이다' 등을 의미하는 동사입니다. 여기에서는 '(손으로) 움켜쥐다'의 의미로 쓰여, '배꼽을 잡다'는 배꼽을 손으로 움켜진 상황을 나타내고 있습니다. 재미있는 이야기를 듣거나 웃긴 장면을 보고서 오랫동

안 크게 웃었기 때문에 배가 아픈 경험을 다들 한 번쯤 해 본 적이 있을 것입니다. 너무 우스워 한참 동안 크게 웃을 때 평소 쓰지 않던 횡격막과 복부의 근육이 자극되면서 운동량이 많아지게 됩니다. 이렇듯 복근이 움직이면서, 내장을 자극해 장의 운동량이 무리하게 증가되고 동시에 복통이 유발되어, 이를 진정시키기 위해 배를 부여잡게 되는데, '배꼽을 잡다'는 바로 이러한 행동에서 나온 관용구입니다.

25 배알이 꼴리다
For one's guts to be twisted

'배알이 꼴리다'는 속된 표현으로 다른 사람의 말이나 행동으로 인해 비위가 거슬려서 불쾌하고 기분이 나쁘다는 뜻입니다. '배알'은 배의 알, 즉 배의 중심이나 속마음을 묘사하는 순수한 한국어 표현입니다. '꼴리다'는 한쪽으로 심하게 치우치는 모습으로 '뒤틀리는 상황'을 뜻하기도 하고, 배 속의 창자가 서로 꼬인 상태를 의미하기도 합니다. 이처럼 '배알이 꼴리다'는 배 속이 몹시 불편해서 마치 앞뒤로 온통 뒤죽박죽이 된 모습을 표현하는 것으로 상대방의 말이나 다른 사람의 성공을 질투하거나 시기하는 속마음을 나타냅니다. '배알이 꼴리다'라는 속된 표현의 표준어는 '아니꼽다', '배가 아프다' 등이 있습니다. '배알이 꼴리다'와 함께 '배가 쓰리다', '배가 뒤틀리다'라는 말은 단순히 육체적 현상을 나타내기도 하지만 사람의 감정을 은유적으로 표현한 것입니다.

26 백기를 들다
To raise a white flag

'백기를 들다'는 상대방에게 맞서거나 저항할 의사가 없다는 뜻합니다. 로마 제국 시대부터 백기가 교전의 의사가 없다는 표식으로 인식되어 왔고, 1899년 헤이그에서 체결된 조약인 '육지에서의 전쟁의 법과 관습'에서 백기를 드는 행위는 항복의 상징으로 확정하였습니다. 한국에서는 서양과의 교류가 시작되기 전인 150년 전만 하더라도 하얀색 깃발이 항복을 뜻하지 않았습니다. '백의민족'으로 상징되는 한국인은 과거에 흰옷을 즐겨 입었고, 전투 중에도 흰옷을 입고 싸웠기 때문에, 흰색이 항복의 상징색이 될 수 없었습니다. 서양 문화의 영향으로 지금은 한국에서도 백기를 드는 것이 항복이나 투항의 의

사 표시로 자연스럽게 인식되고 있습니다. 동양과 서양은 전통적으로 색깔의 의미를 다르게 사용했습니다. 한국인은 음양오행 사상을 기초로 한 다섯 가지 색깔(오방색)에 대해 특별한 의미를 부여하고 있는데, '오방색'으로 흰색은 서쪽과 금(金), 청색은 동쪽과 목(木), 적색은 남쪽과 화(火), 흑색은 북쪽과 수(水), 황색은 중앙과 토(土)를 의미합니다.

27 본전도 못 찾다

To be unable to even find the principal

'본전도 못 찾다'는 원금조차도 회수하기 힘들다는 표현으로, 본전조차 건지지 못했다는 뜻입니다. 본전은 꾸어 주거나 투자한 돈에 이자나 수익이 붙지 않은 최초의 금액인 원금을 의미합니다. 따라서 본전을 그대로 유지하는 한 손해 볼 일은 없습니다. 특히 '종잣돈'이라고도 부르는 본전은 새로운 장사나 사업을 시작할 때 밑천으로 들인 돈을 의미합니다. '본전도 못 찾다'는 원금인 본전을 투자해서 장사를 했으나, 이익을 얻지 못하고 오히려 손해를 보게 되었을 때 사용합니다. 이런 의미에서 '본전도 못 찾다'는 원하는 결과를 얻지 못하고 일한 보람조차 없이 끝나 버려 오히려 하지 않은 것만 못하게 되었음을 나타내는 관용구입니다. 이와 반대로 본전을 투자해서 이익을 보는 경제적인 상황이나, 식당, 놀이동산에서 값을 지급하고 기대보다 더 많은 만족을 얻은 상황을 '본전을 뽑다' 혹은 '본전을 건지다'라고 표현합니다.

28 비위를 맞추다

To adjust one's stomach

'비위를 맞추다'에서 '비위'란 '지라 비(脾)', '위장위(胃)'가 합쳐진 단어로, 소화 기관인 '비장'과 '위장'을 가리킵니다. 이 관용구는 음식물이 사람의 체내에서 소화가 되려면 비장과 위장이 서로 조화를 이뤄 작용해야 하는데, 이러한 소화 기관의 관계를 '타인의 비위까지도 나의 비위와 일치시킨다'라는 인간관계로 확장시킨 표현입니다. '비위를 맞추다'는 상대방의 마음에 들기 위해 내키지는 않지만 상대방의 기분에 나의 행동을 맞추거나 어쩔 수 없이 따라가는 상황을 의미합니다. 따라서 일종의 '아부'라고도 할 수 있습니다. '비위를 맞추다'의 반대 의미로는 '비위에 거슬리다'라는 관용구가 있습니다. '비위'는 은유적으로

마음, 성미 등을 나타냅니다. 예를 들어 '비위가 좋다'는 넉살이 좋다는 의미로, '비위에 맞다'는 일정한 환경이나 어떤 사람이 자신의 마음에 든다는 뜻으로, '비위가 약하다'는 마음에 들지 않아 어떤 경우를 넘겨 버리지 못하는 상태나 사람을 표현할 때 사용하는 관용구입니다.

29 산통을 깨다

To break the box of fortunes

'산통을 깨다'에서 '산통'은 점치는 도구 중에 하나입니다. 한국에는 전통적으로 길흉화복을 위해 점을 치는 다양한 방식이 전해져 오고 있는데, 그만큼 점치는 도구에도 여러 가지가 있습니다. 그중 산통은 점괘가 적힌 대나무 막대기인 산가지를 넣어 두는 물건입니다. 점을 칠 때 필수품인 산통이 부서지거나 박살이 났다면 낭패가 아닐 수 없습니다. 이와 같은 연유로 '산통을 깨다', '산통이 깨지다'라는 표현은 '다 잘되어 가던 일을 이루지 못하게 뒤틀다, 혹은 그러한 일이 뒤틀리다'라는 뜻의 관용구입니다. 자신이 스스로 망치든, 아니면 다른 사람이나 어떤 상황에 의해서 잘 진행되던 일이 망가져 버렸다는 의미를 담고 있기 때문에 피동 표현도 함께 사용됩니다. 산가지를 이용해 점을 칠 때 반드시 산통이 필요했기 때문에 이와 같은 관용구가 형성되었다고 볼 수 있습니다. K-Pop 가사 속에서는 '산통을 깨다'와 같은 의미를 나타내는 '초를 치다', '다 된 밥에 재 뿌리다'라는 다른 관용구들도 찾아볼 수 있습니다.

30 새빨간 거짓말

A bright red lie

'새빨간 거짓말'은 숨길 수 없이 전부 환하게 들여다 보이는 순수한 거짓말이나 허술한 거짓말을 뜻하는 관용구입니다. 다른 색이 아닌 빨간색을 사용하는 이유로, 빨간색을 뜻하는 한자 적(赤)에 '완벽하다' 또는 '명백하다'라는 의미도 있기 때문이라는 주장이 있습니다. 한국어에는 빨갛다, 불그스름하다, 새빨갛다, 뻘겋다, 붉다, 검붉다 등과 같이 명도와 채도에 따라 달라지는 색에 대한 다양한 표현들이 있습니다. 여기서 '새'는 주로 색깔을 나타내는 형용사 앞에 붙어서 짙고 선명하다는 뜻을 강조하는 역할을 합니다. 예를 들어 새빨간 색, 샛노란 색, 샤파란 색 등 '새'라는 말을 색깔 앞에 붙이면 그 색깔을 훨씬 더

또렷하게 표현할 수 있습니다. 따라서 '새빨갛다'는 선명하게 짙은 순수한 빨간색을 의미합니다. 그렇기 때문에 쉽게 알아차릴 수 있는 터무니없는 거짓말이나, 바로 들통날 만한 거짓말을 나타낼 때 '새빨간 거짓말'이라고 표현합니다.

31 속이 타다
For one's insides to burn

'머릿속', '몸속', '가슴속'에서와 같이 '속'이라는 단어는 흔히 사람의 신체 내부나 어떤 물체의 안쪽 부분이라는 의미로 사용합니다. 그래서 사람들이 상한 음식을 먹거나 급하게 먹었을 때 '속이 좋지 않다' 또는 '속이 쓰리다'라고 말하곤 합니다. '속이 타다'는 마음이 불에 탈 정도로 끓어오르거나 졸이는 상태를 의미하는 관용구입니다. 어떤 일이 걱정되어 위장이 불에 타는 것처럼 마음이 조급하고 초조하다는 뜻에서 나온 말입니다. 이 관용구는 가족이 밤늦도록 집으로 돌아오지 않을 때, 연인에게서 이유 없이 연락이 오지 않을 때와 같이 답답하고 걱정스러운 마음을 표현할 때 사용합니다. 이 표현과 의미가 같은 관용구로는 '애가 타다', '가슴이 타다', '속이 썩다', '속이 타 들어가다' 등이 있습니다.

32 손꼽아 기다리다
To wait counting on one's fingers

어렸을 때 손으로 날짜를 하나하나 세어 가며 생일이나 명절을 기다려 본 경험이 있나요? 바로 이럴 때 '손꼽아 기다리다'라는 표현을 사용할 수 있습니다. 여기서 '손꼽다'는 손가락을 하나씩 차례대로 구부려서 수를 세는 동작을 나타내는 말입니다. 이 관용구는 기대에 차 있거나 설레는 마음으로 날짜를 하나하나 손가락으로 세어 가며 기다린다는 의미입니다. 다른 신체 기관인 목과 눈으로 기다림을 표현한 관용구도 있습니다. 먼저 '목이 빠지게 기다리다'는 몹시 애타는 마음으로 간절하게 무언가를 기다리는 모습을 과장되게 표현한 것으로, 목이 빠질 정도로 목을 길게 늘이며 기다리는 모습을 상상해 볼 수 있습니다. 또한 '눈이 빠지게 기다리다'는 '눈이 빠질 정도로 한참을 바라보며 기다린다'는 의미입니다.

33 시치미를 떼다
To take a name tag off a falcon

'시치미를 떼다'는 매의 이름표에서 유래된 관용구입니다. 길들인 매로 꿩이나 새를 잡는 매사냥은 백제 시대부터 시작되어 온 오랜 역사를 지닌 사냥 방식입니다. 특히 고려 시대에는 몽골의 영향으로 매를 기르고 훈련하는 관청을 따로 설치할 정도로 매사냥의 인기와 관심이 매우 높았습니다. 매사냥에 쓰이는 매는 별도의 훈련 과정을 거쳐야 했기에 그 값이 매우 비쌌는데, 매사냥이 유행하게 되면서 사람들은 자신의 소유를 표시하기 위해 매의 꽁지에 '시치미'라는 이름표를 달았습니다. 시치미는 소뿔을 얇게 깎아 만든 네모난 표식으로, 여기에 매의 이름을 비롯해 종류, 나이, 빛깔, 주인의 이름 등을 적었습니다. 그래서 사람들은 어쩌다가 시치미가 달린 매를 잡으면 이름표인 시치미를 보고 놓아주곤 했습니다. 하지만 욕심이 생겨 시치미를 떼어 버리거나 자기 이름이 적힌 시치미로 바꿔 달아 자기 것인 양 꾸며 대는 경우가 발생하기도 했습니다. 여기서 유래한 관용구가 바로 '시치미를 떼다'입니다. 즉, 자기가 하고도 하지 않은 척을 하거나, 알고 있으면서도 모른다고 발뺌하는 모습을 일컫는 말입니다.

34 애가 타다
For one's intestines to burn

초조한 마음을 표현할 때 '애가 타다'라고 합니다. '애가 타다'에서 '애'는 배 속의 창자를 의미하고, '타다'는 불이 붙어 번지는 모습을 나타낸 말입니다. '애가 타다'는 창자가 불에 녹아 없어질 만큼 몹시 걱정하고 괴로워하는 마음을 비유한 말입니다. 보고 싶은 마음, 그리운 마음, 기다리는 마음처럼 초조하고 조마조마한 마음을 '애가 탄다' 또는 '애가 타다'라고 표현합니다. '애가 타다'와 유사한 표현으로는 '속이 타다', '속이 타 들어 간다', '복장이 타다', '애가 마르다' 등이 있습니다. '애가 타다'를 활용하여 '애타게 기다리다' 등의 표현으로 사용할 수도 있습니다.

35 약이 오르다
For one to be nettled

'약이 오르다'는 식물이 성숙하여 특유의 성질이 최고조에 달한 상태를 의미합니다. '약이 오르다'에서 '약'은 고추나 담배처럼 식물의 맵거나 쓴 자극적이고 독한 성질을 뜻하고, '오르다'는 식물이 잘 자라서 이러한 독한 성질을 가장 많이 품고 있는 상태를 가리킵니다. 매운맛이 아주 강해

고작 한입 베어 물었을 뿐인데도 입안이 타 들어가는 듯한 매운맛이 강하게 느껴지는 잘 자란 고추를 가리켜 '약이 잘 오른 고추'라고 합니다. 고추와 같이 식물에만 해당되던 '약'의 의미가 사람의 감정에도 확대되어 독한 기운이 온몸에 퍼진다는 의미로도 쓰이기 시작했습니다. 그래서 이 관용구는 누군가 자신을 놀려 기분이 은근히 상하고 화가 나는 감정을 느낄 때 자주 사용합니다. 누군가 의도적으로 자신의 부정적인 감정을 지속적으로 건드릴 때 '약이 오른다'고 하고, 상대방에게는 '약을 올린다'라고 말합니다.

36 어깨가 무겁다
For one's shoulders to be heavy

예부터 사람은 자연스럽게 '등'이나 '어깨'를 이용해서 무거운 짐을 날랐습니다. 그런데 전적으로 일을 책임지고 도맡아 한다면 마음속에 큰 부담감이 생깁니다. 이런 부담감은 마음속 짐과 같아서 책임을 나타내는 표현은 주로 등이나 어깨에 무언가를 얹거나 짊어지는 모습으로 비유합니다. 특히 군인이나 경찰처럼 계급을 표시해야 하는 직업은 계급장을 어깨에 다는데, 이때 어깨는 책임이나 지위를 상징합니다. 이 관용구에서도 '어깨'는 맡은 책임, 기대, 부담감 등을 의미하며, '무겁다'라는 서술어를 통해 마음에 부담이 크다는 뜻입니다. 한 사람이 어깨 위에 '부담'이라는 무거운 짐을 지고 힘겹게 다니는 모습을 떠올리면 이해하기 편합니다. 이 표현과 의미가 같은 관용구로는 '어깨를 짓누르다', '어깨에 걸머지다' 등이 있습니다. 반대로 책임에서 벗어나 마음속의 부담이나 책임감을 덜었을 때는 '어깨가 가볍다'라고 표현합니다.

37 오지랖이 넓다
For the front of one's clothes to be wide

우리는 자신의 일도 아닌데 남의 일에 참견하는 사람들을 발견하곤 합니다. 이들의 참견이 도움이 된다면 고맙겠지만, 그렇지 못하고 반대로 방해가 된다면 사람들이 좋아할 리가 없습니다. 이처럼 다른 사람의 일에 끼어들기를 좋아하는 사람들을 핀잔하는 경우에 '오지랖이 넓다'라는 표현을 사용합니다. '오지랖'은 본래 한국 전통 의상인 '한복'의 윗옷 앞자락을 가리킵니다. '오지랖이 넓다'는 '옷의 앞자락이 넓다'라는 말인데 '오지랖'이 넓으면 옷의 품이 커져서 이것저것 다

덮을 수 있을 만큼 보입니다. 이처럼 무슨 일이든 여기저기 참견하고 나서며 쓸데없이 간섭하는 경우에 '오지랖이 넓다'는 표현을 쓰게 된 것입니다. 이 관구구 자체에 이미 부정적인 의미가 담겨 있어 주의해서 사용하는 것이 좋습니다.

38 이를 악물다
To grit one's teeth

'이를 악물다'라는 표현은 신체적 고통을 참는 모습에서 비롯되었습니다. 치아는 인간의 3대 생활 조건인 의식주 중에서도 식생활과 밀접한 관련이 있어 매우 중요한 신체 부위 중 하나입니다. 또한 치아는 사람의 신체 중 가장 단단한 부위이기도 합니다. 그래서인지 치아와 관련된 관용구는 주로 강인함이나 굳은 의지를 나타냅니다. '악물다'는 단단한 결심을 하거나 무엇을 참아 견딜 때 힘주어 이를 꼭 문다는 뜻으로, 보통 신체 부위 중 이와 함께 쓰입니다. '이를 악물다'는 견디기 힘든 곤란이나 난관을 뚫고 나가기 위해 비상한 결심을 하는 모습을 나타내는데, 정신적으로 매우 힘든 상황을 이겨 내고, 이루고자 하는 목표에 다가가기 위한 노력을 의미합니다. 수많은 치아 중에서도 특히 어금니가 단단하고 튼튼한 것의 대명사로 잘 알려져 있어 '어금니를 악물다'라고 말하기도 합니다.

39 족쇄를 채우다
To put shackles on

족쇄는 본래 죄인의 발목에 채우는 쇠사슬을 뜻합니다. 죄인을 구금하거나 이송할 때 목에 형구를 씌우는 동양과 다르게 서양에서는 발에 형구, 즉 족쇄를 씌웠습니다. 일단 족쇄가 채워지면 신체를 자유롭게 놀릴 수 없어 멀리 도망갈 수가 없습니다. '족쇄를 채우다'는 물리적으로 발에 족쇄를 채우는 것이 아니라 어떤 일을 하는 데에 걸림돌이 생기거나, 혹은 자유롭게 행동할 수 없게 한다는 의미입니다. 이와 반대로 억압이나 제약으로부터 자유로워지는 상황에서는 '족쇄가 풀리다'라고 표현합니다. 이처럼 족쇄를 채우고 푸는 일은 오늘날 억압과 자유를 상징합니다.

40 쥐도 새도 모르게
Without a mouse or a bird realizing

'쥐도 새도 모르게'는 밤이든 낮이든 가릴 것 없이 누구도 알 수 없게 감쪽같이 행동하거나 일을

처리해서, 그 경우나 행방을 모르게 한다는 의미입니다. 오래전부터 한국에는 삶의 교훈을 전달하는 메시지나 가르침을 동물의 모양과 특성에 비유하여 어른뿐만 아니라 아이들도 쉽게 익힐 수 있도록 했습니다. 한국에서 쥐는 밤을 대표하는 부정적인 상징으로, 새는 낮을 의미하는 긍정적인 상징으로 간주하였습니다. 이 관용구에는 과학의 원리도 숨어 있습니다. 음파는 따뜻한 공기에서 차가운 공기 쪽으로 이동하는 성질이 있습니다. 그래서 낮에는 태양열에 의해 달궈진 땅으로 인해 소리는 상대적으로 차가운 공기가 있는 하늘로 높이 잘 전달되지만, 밤에는 땅이 하늘의 공기보다 빠르게 식어 땅 쪽으로 소리가 더 잘 전달됩니다. 새는 하늘에, 쥐는 땅에 살기 때문에 이러한 이유로 낮에 들리는 말은 새가 듣고, 밤에 들리는 말은 쥐가 듣는다고 여기어 왔습니다.

41 직성이 풀리다

For one's star to be released

'직성이 풀리다'는 어떤 일이 꽉 막혔다가 원하는 대로 이루어져서 큰 만족감을 얻는다는 의미입니다. 오래전부터 한국에서는 하늘의 별이나 별자리를 사람의 운명과 연결시켜 해석하거나 신격화해 왔습니다. 특히 개인의 운명을 정해 주는 별을 '직성'이라고 하는데, 이 '직성'의 변화에 따라 운명이 정해진다고 믿었습니다. '직성'은 한국의 민간 신앙에서 내려오는 9종류의 별(제웅직성, 토직성, 수직성, 금직성, 일직성, 화직성, 계도직성, 월직성, 목직성)을 의미합니다. 사람은 일정한 나이가 되면 이 직성이 차례대로 개인에게 도래하여 나타나는데, 직성의 종류에 따라 길흉화복이 정해진다고 믿었습니다. 흉한 직성이 찾아오면 한 해 동안 운이 잘 풀리지 않고, 길한 직성을 맞이하는 해가 되면 소원하는 일들이 술술 이루어지는 한 해가 된다고 합니다. 따라서 '직성이 풀리다'는 어떤 일이 제 성미대로 혹은 원하는 대로 되어 마음이 흡족한 것을 의미합니다.

42 찬물을 끼얹다

To douse with cold water

불타던 장작의 불씨를 제거하려고 장작에 찬물을 붓는 방식이 예부터 전해왔습니다. '찬물을 끼얹다'는 '찬물'을 사용해서 불씨를 잡는 관행으로부터 유래되었습니다. 우리는 주변에서 무르익은 분위기를 끊어 버리거나 훼방을 놓아 망치는 행동을 일삼는 사람들을 볼 수 있습니다. 이럴 때 사용하는 관용구가 바로 '찬물을 끼얹다'입니다. 여기에서 '찬물'은 냉정함과 차가움을 상징하며, 앞으로 진행되어 나가는 일을 방해하거나 멈추게 하는 것을 의미하기도 합니다. 더구나 '찬물을 끼얹다'는 '찬물을 붓다', '찬물을 뿌리다'라는 표현보다 더 구체적으로 분위기를 급격하게 끌어내려 가라앉힌다는 의미를 나타냅니다. '찬물을 끼얹다'는 잘 진행되는 일이나 열정을 의도적으로 깨뜨릴 때 방해를 강조하는 표현이기도 합니다.

43 총대를 메다

To carry the gunstock

'총대를 메다'는 개인의 일이 아닌 집단 구성원 모두에게 해당하는 일이지만 아무도 나서서 맡기를 꺼려하는 일을 혼자 책임진다는 의미입니다. 이 관용구의 어원에 대해서는 여러 가지 견해가 있지만, 과거 군대의 관행에서 비롯되었을 것으로 추정됩니다. 먼저 서양식 총은 '임진왜란(1592~1598)' 당시 조선에 도입되었다고 합니다. 그 후 1950년부터 시작된 3년간의 '6.25 전쟁' 당시에는 총이 개인 장비임에도 불구하고 모든 군인에게 지급되지 못하는 형편이었습니다. 총은 값비싼 장비였기에 소수의 군인이나, 특정인이 책임지고 다루어야 했습니다. 더구나 전투 중에는 총대를 멘 군인은 가장 먼저 적의 표적이 되었기 때문에 위험을 감수해야 할 위치에 놓였습니다. 그래서 어떤 일에 앞장서거나 책임을 지는 모습을 비유적으로 나타내는 말로 '총대를 메다'라는 관용구가 생겨났습니다. 만약 집단 구성원 중 아무도 하기 싫은 일을 누군가 한 명이 나서서 하는 경우에 그 사람을 가리켜 '총대를 멘 사람'이라고 부릅니다.

44 탈을 쓰다

To wear a mask

'탈을 쓰다'는 '속마음과 달리 겉으로 거짓에 찬 행동을 하다' 또는 '생김새나 하는 짓이 누구를 닮았다'라는 의미입니다. 탈은 얼굴을 감추거나 다르게 꾸미기 위해 종이나 나무, 흙 따위로 만들어 얼굴에 쓰는 물건입니다. 탈은 원시 시대부터 주술을 행할 때 사용하던 물건이었는데, 한국에서도 악령을 위협하거나, 악귀를 쫓거나, 복을 부르는 행사에 다양한 탈들을 썼습니다. 조선 시대에는 탈을 쓰고 공연자와 관객이 한 마당에서 어울려 진행하는 마당놀이인 '탈춤'이 유행했는데, 이때 탈은 자신의 얼굴을 감추고 평소에 말하지 못했던 한을 풀어내는 익명의 수단이기도 하였습니다. 이처럼 자신의 본색을 드러내지 않고 하고 싶은 말이나 행동을 하려면 탈처럼 편한 도구도 없을 것입니다. 또한 이 관용구는 부정적인 의미로 '…한/의 탈을 쓰다'라는 형태로 쓰이는데, 그 예로 '양의 탈을 쓴 늑대', '인간의 탈을 쓴 악마' 등이 있습니다.

45 통이 크다
For the size to be big

일반적으로 '통'은 그릇이나 용기를 가리키며, 양이나 크기를 뜻합니다. 동양 의학에서 통의 크기는 '위장의 크기'를 의미한다고 합니다. 그래서 '통이 크다'라는 말은 겉으로는 위장의 크기가 큰 것을 의미하지만, 은유적으로는 작은 것에 얽매이거나 자신의 이익에 집착하지 않고, 내 것과 다른 사람의 것을 분별하는 것에 집착하지 않는 관용의 뜻을 강조하는 관용구입니다. 또한 '통'은 마음의 둘레를 비유적으로 뜻하기도 합니다. 사람의 도량이나 씀씀이, 혹은 마음이 너그러운 정도나 마음을 쓰는 활달함의 정도를 가리키는 것이 바로 '통'입니다. 한국에는 지인들과 함께 식사를 할 때 특별하거나 축하할 만한 일이 있으면 그 당사자가 식사 비용 전부를 시원하게 결제하는 문화가 있는데, 이럴 때 "오늘 기분이 좋으니 내가 통 크게 한턱(한바탕 남에게 음식을 대접하는 일) 쏠게"라고 말합니다. 따라서 '통이 크다'는 이러한 마음 씀씀이가 크다는 뜻으로 너그럽고 인자하다는 뜻도 담고 있습니다.

46 퇴짜를 놓다/맞다
To mark/to be marked with the character for "reject"

조선 시대의 백성들은 세금을 돈으로 내지 않고, 포목이나 인삼과 같은 지방 특산물을 나라에 바쳤습니다. 이러한 세금을 '공납'이라고 하고, 바치는 물건을 일컬어 '공물'이라고 했습니다. 백성들이 공납하면 호조(재정 관리 기관)의 '판적사'라는 관리가 공물의 품질을 엄격히 심사해 세금으로 받아들일지 말지 최종적으로 결정했습니다. 만약 공물이 품질이나 등급 규정에 달하지

못한 경우 이들은 거절의 의미로 '물리치다'라는 뜻의 한자 '퇴(退)'를 써서 그 물건에 표시를 한 후 다시 돌려보내곤 했습니다. 이를 계기로 일반적인 행사나 개인 사이의 거래에서도 서로 합의가 이루어지지 못하는 경우 거절의 표현으로 '퇴짜를 놓다'라는 관용구를 사용하게 되었습니다. '퇴짜를 놓다'는 자신이 스스로 거절한다는 의미이고 반대로 '퇴짜를 맞다'는 자신이 상대방으로부터 거절을 당한다는 의미입니다.

47 트집을 잡다
To grab at a hole

모자나 옷이 낡고 오래되어 벌어지거나, 틈이 생기거나 또는 터진 경우 이를 가리켜 '트집'이라고 합니다. 19세기 한국 문헌에서는 '틈집'으로 나타나지만, 이후 첫째 음절의 끝소리인 'ㅁ'이 탈락하면서 현재의 '트집'이란 형태가 되었습니다. 이 관용구는 갓의 트집을 바로잡아 메꾸는 수선 작업을 '트집 잡다'라고 하는 데에서 유래하였습니다. '갓'은 남성용 모자를 가리킵니다. 조선 시대에는 관직에 나가거나 양반인 경우에는 외출할 때 반드시 '갓'을 써야 했습니다. 그런데 전통 모자인 '갓'은 사용된 재료의 성질 때문에 자주 '트집'이 생겨 수선을 해야만 했습니다. 왜냐하면 갓은 가벼워야 하기 때문에 틈새가 벌어지거나 구멍이 나기 쉬운 재료를 사용할 수밖에 없었기 때문입니다. 이 관용구는 사람의 조그만 흠집을 들추어내거나, 없는 흠집을 일부러 만들어 낸다는 의미로 쓰입니다.

48 풀이 죽다
For the starch to give way

요즘에 '풀'은 화학 재료로 만들지만 옛날에는 쌀가루나 밀가루와 같은 천연 재료를 사용했습니다. 과거에는 풀을 창호지와 같은 종이를 붙이거나 벽을 도배할 때, 옷감이나 의복을 단정하고 빳빳하게 세우는 데 사용하였습니다. 이런 작업을 '풀을 먹이다', '풀을 입히다'라고 합니다. '풀'을 먹이거나 입히면 의복이나 천이 빳빳해지고 목깃이나 손목 주위의 천에 광택이 나서 구김 없이 오랫동안 입을 수 있어 매우 실용적이었습니다. '죽다'라는 표현도 여기서는 단순히 목숨을 잃거나 생명이 멈추는 것이 아니라, 빳빳하게 세운 의복의 깃 부분이 풀의 끈기가 사라져 힘을 잃은 상황을 묘사한 것입니다. 이를 사람에게 빗

대어 풀기가 사라져 의복의 뻣뻣함이 덜해진 것처럼 희망을 잃고 어깨를 축 늘어뜨리고 지친 모습을 나타낼 때, 그 사람을 '풀이 죽었다'라고 묘사합니다.

49 학을 떼다

To get rid of malaria

'학을 떼다'는 거북하거나 지독히 괴로운 일로부터 벗어나느라 진땀을 빼거나 그것에 질려 버리는 것을 의미합니다. 이 관용구에 등장하는 '학'은 '학질'이라는 모기가 옮기는 여름철 유행성 전염병인 말라리아를 가리킵니다. 전염병인 '학'은 조선 시대에는 흔하고 무서운 병이었습니다. '학'에 한번 걸리면 고열과 동시에 설사, 구토 및 발작을 일으키면서 일정한 시간 간격을 두고 오열과 오한이 지속되었습니다. 고열에 시달리면 땀을 많이 흘리게 되는데, 당시 사람들은 땀을 많이 흘려야만 병이 낫는다고 믿어 한동안 이불을 뒤집어쓴 채 진땀을 뺐다고 합니다. 조선 후기에 미국인 의료 선교사였던 알렌이 1885년부터 1년간 제중원이라는 병원에서 치료하며 기록한 보고서에 의하면 당시 말라리아 환자가 가장 많았다고 합니다. 그만큼 과거에는 학질에 대한 공포가 대단했다는 것을 알 수 있습니다.

50 허리띠를 졸라매다

To tighten one's belt

바지가 흘러내리는 것을 방지하기 위해 허리 부분을 둘러매는 끈을 허리띠라고 합니다. 허리띠를 졸라서 줄여 매는 것은 '배고픔'과 '인내'를 의미하기도 했습니다. 그래서 '허리띠를 졸라매다'는 배고픔과 배부름의 정도에 따라 허리띠 길이를 달리 하여 매는 것에서 나온 표현입니다. 이 관용구는 여러 가지 의미를 내포하고 있습니다. 먼저 일상생활에서 생활비나 지출을 좀 더 줄인 검소한 생활을 표현할 때 또는 절약해야만 하는 상황을 묘사할 때 사용합니다. 뿐만 아니라 국가 차원의 경제 위기에 직면해서 국민 모두 절약하여 위기를 극복하자고 독려할 때에도 사용합니다. '허리띠의 길이를 다시 조절하다'는 것은 새로운 일을 다지는 각오를 새롭게 하는 의식 중에 하나가 되기도 합니다. 그래서 '허리를 졸라매다'라는 관용구는 새롭게 마음을 먹은 일을 결단하거나 새로운 각오를 다진다는 의미로도 사용하며, '배고픔을 참다'라는 뜻도 품고 있습니다.

PART 2

사자성어 Four-Character Idioms

51 경거망동 輕擧妄動

To behave frivolously and foolishly

경거망동은 깊이 생각하지 않고 함부로 조급하게 행동하는 것을 일컫는 말입니다. 신중하지 못하고 자기 멋대로 행동하는 사람에게 주의를 주거나 지적하는 경우에 주로 이 사자성어를 사용합니다. 경거망동과 같이 전후 사정을 따지지 않고 조심성 없이 행동하는 것을 가리켜 '오두방정'이라고도 합니다. 점잖지 못한 가벼운 행동을 하는 사람에게 '경거망동하지 말아라!', '오두방정 떨지 마!' 등과 같이 말하며 주의를 줄 수 있습니다. 경거망동의 유래에 관해서는 여러 의견이 있으나 중국의 전국 시대에 법가 사상을 집대성한 '한비자'라는 책에서 유래했다는 견해가 유력하게 인정받고 있습니다. "한비자"에서는 국왕의 태도나 결정으로 한 국가의 흥망성쇠가 달려 있다는 점을 강조하며 국가의 모든 중대한 일을 신중하게 처리해야 한다는 점을 경거망동을 들어 가르치고 있습니다.

52 고진감래 苦盡甘來

After all of the bitterness comes sweetness

고진감래는 서로 사랑하는 두 사람 사이의 사랑 문제를 조언하는 표현에서 처음 유래되었습니다. 사랑을 확인하고 결실을 맺기 위해서 고통이 따르는 경우에는 이를 잘 극복하면 반드시 달콤한 즐거움이 찾아온다는 의미로 사용되었습니다. 중국 원나라 작가 왕실보가 지은 작품 중 "밥 먹는 것도 잊고 잠도 못 자고 걱정을 놓을 수가 없습니다. 만일 진심으로 참지 않고 지성으로 버티는 것이 아니라면 어찌 사모하는 마음이 고진감래가 되겠습니까?" 라는 표현이 등장합니다. 이 사자성어는 한국에서는 서로 사랑하는 두 사람 사이의 사랑이라는 범위를 훨씬 벗어나 일상생활 속의 지혜를 표현하는데 사용되고 있습니다. 즉, 고진감래는 어려운 시기를 인내하고 견디면 달콤하고 좋은 결과를 맺는다는 뜻으로, 힘든 일에 지친 사람들을 격려하고 응원하는 표현입니다.

53 금상첨화 錦上添花

Adding flowers on top of silk

금상첨화는 비단 위에 꽃을 더한다는 뜻으로, 이미 일어난 좋은 일에 다른 좋은 일이 더해진다는 의미입니다. 오늘날에도 비단은 값비싼 물건이고, 꽃은 아름다움을 상징합니다. 귀한 비단에 아름다움의 상징인 꽃까지 더해지니 얼마나 좋을까요? 금상첨화는 중국 송나라의 정치가이며 문장가였던 왕안석이 지은 '즉사'라는 시 구절, '좋은 모임에서 만나 술잔을 거듭 비우려 하는데, 아름다운 노래는 정녕 비단 위에 꽃을 더하네'에서 유래하였다고 되어 있으나, 가장 먼저 등장한 것은 남당 시대 선종의 깊은 가르침을 모아 엮은 "조당집"에서라고 합니다. 금상첨화는 대학 입학 시험에 합격한 것만으로도 행복한데 장학금까지 받게 된 경우, 수학여행 날에 날씨마저 화창한 경우 등과 같이 동시에 두 가지 이상의 좋은 일이 겹쳐 일어나는 순간을 표현할 때 사용합니다.

54 기고만장 氣高萬丈

For one's energy to rise to a height of 10,000 jang

기고만장은 기운이 만 장 높이로 뻗쳤다는 의미입니다. 기고만장에서 '장'은 길이를 재는 단위로 1장은 약 3m입니다. '만 장'은 물리적으로 30km에 불과하지만, 비유적으로는 무척 긴 길이나 높이를 나타내기 때문에 보통 '아주 높다', '끝이 없다' 등을 표현할 때 사용합니다. 기고만장은 자신의 능력이나 성과에 무척 고무되어 기운이 나서, 혹은 펄펄 뛸 만큼 화가 나서 사람의 기세가 끝없이 솟구친다는 의미입니다. 모든 일이 뜻대로 이루어져 자신의 성공을 뽐내고자 하는 사람의 지나치게 거만한 태도를 묘사하거나 크게 화난 모습을 표현하는 말입니다. 실패한 경험이 없거나 모든 일에 자신만만한 사람은 큰일 앞에서도 철저한 준비 없이 기세가 등등한 경우가 있는데 이럴 때에도 '기고만장한 사람', '사람이 기고만장하다'라고 말합니다. 오늘날 쓸데없이 자만감에 빠져 제멋대로 행동하는 사람을 표현할 때 쓰이는데, 그 사람의 오만함과 교만함을 비하하는 의미로 사용하기도 합니다.

55 노심초사 勞心焦思

To be so concerned with something that one burns with worry

노심초사는 마음으로 몹시 애를 쓰며 속을 태우는 것을 뜻합니다. 노심초사는 어떤 일을 진행하면서 무언가 탈이 나지 않을까, 혹은 결실을 맺지 못하면 어쩌나 하는 생각에 근심하며 애를 태우는 마음을 표현할 때 사용합니다. '노심'과 '초사'로 구성된 '노심초사'는 중국 역사서 "사기"에 등장하는 말로 마음과 몸을 수고롭게 하며 근심하고 걱정하는 것을 나타냅니다. 당나라 시인 두보의 시 '억석이수'에 '노심초사'가 인용되면서부터 이 사자성어는 근심과 걱정의 상징으로 많은 이들에게 회자되었습니다. 노심초사는 사람의 일상생활 속에서 일어나는 소소한 일뿐만 아니라 국가적 문제에도 폭넓게 사용할 수 있습니다. 일제강점기 한국 독립의 상징인 안중근 의사가 남긴 친필 중에서도 '국가 안위 노심초사(國家安危 勞心焦思: 국가의 안위를 걱정하고 애태운다)'라는 표현을 발견할 수 있습니다. 이처럼 노심초사는 국가의 장래를 생각하는 우국지사의 마음이나, 자식의 장래를 걱정하는 부모의 마음을 표현할 때도 쓸 수 있습니다.

56 대기만성 大器晩成

For a large bowl to be completed late

대기만성은 큰 그릇은 오랜 시간이 걸려서 만들어진다는 뜻으로, 위대한 인물이 배출되려면 인고의 시간과 노력이 필요함을 강조하는 말입니다. 운동선수나 예술가가 오랫동안 무명의 시간을 거쳐 마침내 성공하여 유명해지는 경우에 대기만성형 인간이라고 표현합니다. 이처럼 대기만성은 끈기를 가지고 목표를 향해 차근차근 준비해야 한다는 교훈을 담고 있습니다. 이 말은 노자의 "도덕경"에 처음 등장하였는데, 그 후 중국 위나라의 최염과 최림의 일화에서 오늘날의 의미를 갖게 되었습니다. 이미 출세하여 이름을 날리던 최염 장군이 아직도 벼슬길에 오르지 못해 출세에 목말라하는 사촌 동생 최림을 위로하면서 '대형 종이나 큰 솥은 빨리 만들어지지 않듯이 큰 인물도 성공하기까지는 오랜 시간이 걸리니 최림은 대기만성할 것이라고 하였다'는 일화에서 유래되었습니다.

57 배은망덕 背恩忘德

To forget and betray the favor you
received from someone

배은망덕은 자신에게 베풀어진 은혜를 잊고 의리를 저버리는 배신 행위를 이르는 말입니다. 조선 시대에 은혜를 잊지 않고 보답하는 것은 학문에 정진하고 관직에 나갈 준비를 하는 선비들이 갖추어야 할 덕목 중의 하나로 여겨졌습니다. 오늘날에도 어린 학생들에게 학교에서나 가정에서 이 덕목을 가르치고 있습니다. 인간이 타인의 은혜에 보답하지도 못하면서 배신하는 경우에 '이럴 수가! 은혜를 원수로 갚는구나, 이 배은망덕한 인간아!'라고 표현합니다. 이처럼 사람과 사람이 함께 부딪치며 입게 되는 상처 가운데 가장 큰 것으로 배은망덕을 들기도 합니다.

58 백발백중 百發百中

To shoot 100 times and hit 100 times

백발백중은 백 번 쏘아 백 번 모두 맞힌다는 뜻으로, 활 쏘기에서 유래된 말입니다. 중국 초나라 때 활약한 양유기의 활 쏘기 실력을 묘사한 일화를 대표적인 예로 들고 있습니다. 동양에서는 활 쏘기 수련과 관련된 많은 이야기들이 고문헌에 기록되거나 신화 또는 전설로 구전되어 전해 오고 있습니다. 백발백중에서 '백'은 100번, 즉 모두를 뜻하며, '중'은 가운데를 맞히다 라는 의미입니다. 따라서 백발백중은 쏜 화살 전부를 과녁에 맞힌다는 뜻으로, 예측한 모든 일들이 성공적으로 이루어진다는 의미를 내포하고 있습니다. 오늘날에는 계획한 일들이 한치의 오차도 없이 잘 들어맞는다는 뜻으로 사용하고 있습니다.

59 백전백승 百戰百勝

To fight 100 times and win 100 times

백전백승은 '백 번 싸워 백 번 모두 이긴다'라는 뜻으로, 어떠한 싸움에서도 반드시 승리한다는 의미입니다. 오늘날에도 널리 쓰이는 이 표현은 중국 전국 시대 제나라 출신의 책략가인 손자의 저술서 "손자병법"에서 나온 구절로 유명해졌습니다. "손자병법"은 동서양을 막론하고 병법서 또는 처세서로서 각광 받고 있는 책입니다. 전쟁에 관한 한 천재적 전략가였던 손자는 서로를 파괴해 가며 상대편 군대와 싸워 전쟁에서 이기는 것보다 싸우지 않고도 적을 굴복시키는 전략이 최고의 방책이라고 주장하면서, 전쟁은 적을 굴복시키는 최선의 수단이 아님을 강조하였습니다. 손자는 백전백승이 되려면 먼저 나를 알고 적을 알아야 함[지피지기(知彼知己)]을 강조한 것으로도 유명합니다. 큰 경기나 시합을 앞두고 있는 사람들을 격려할 때 '자신과 상대방에 대한 분석이 잘 되어 있으면 승리할 수 있을 것이다'라고 용기를 줄 때 쓰는 말입니다.

60 사필귀정 事必歸正

Everything will certainly return to the proper path

사필귀정은 '모든 일이 바른 길로 돌아가기 마련이다'라는 뜻으로, '잘못된 일도 결국에는 올바른 방향으로 되돌아 간다'라는 의미입니다. 사필귀정은 결국에는 정의가 승리한다는 의미로 매사에 행동을 신중히 하고 올바르게 처신해야 한다는 교훈을 담고 있습니다. 사회적 물의를 일으킨 사람이 처벌되거나 원성이 높은 범죄자를 체포하는 경우에 사필귀정이 신문 기사의 제목이나 사건과 관련된 단체의 성명서 등에서 자주 등장합니다. 사필귀정은 중국의 고문헌에는 나타나지 않고 1900년대 초기 한국의 외교 문서나 신문 기사에 자주 등장하는 것으로 보아 한국에서 독자적으로 발생한 표현으로 그 유래를 추론하기도 합니다.

61 안하무인 眼下無人

Below one's eyes, nobody exists

안하무인은 '자신의 눈높이 아래에는 사람이 없다'라는 뜻으로, 다른 사람을 무시하거나 예의 없이 뻔뻔스럽게 함부로 행동하는 사람을 가리킵니다. 이 말은 중국 명나라 때 능몽초가 지은 단편 소설집 "이각박안경기"에서 찾을 수 있습니다. 오랫동안 염원하던 아들을 뒤늦게 얻은 부부가 이 늦둥이 아들을 너무 귀여워하여 아들이 원하는 대로 다 들어주며 엄격하게 키우지를 못했습니다. 이 아이가 성인이 되어서는 술과 노름으로 가산을 탕진하고 주변 사람을 모두 업신여기며 방탕한 생활을 이어 갔습니다. 잘못된 행동을 아무리 타일러도 듣지 않는 아들을 지켜본 부부는 자신들이 잘못 키운 것을 후회하며 '우리가 아들을 잘못 키워 눈 아래 아무것도 없는 것처럼 구는 망나니가 되었구나'라고 한탄하였다는 일화에서 안하무인이 유래하였습니다.

62 약육강식 弱肉強食

The flesh of the weak becomes the food of the strong

약육강식은 '약자의 살은 강자의 먹이가 된다'라는 뜻으로, 약한 자는 강자에게 지배되어 경쟁 사회에서 살아남지 못하고 강한 사람들의 먹잇감에 불과하다는 의미입니다. 약육강식은 인간성을 상실한 각박하고 메마른 경쟁 사회를 상징적으로 표현하고 있습니다. 이 말은 중국 당나라의 문장가인 한유가 처음 사용한 것으로 알려져 있습니다. 한유는 "송부도문창서사"라는 글에서 유가의 가르침으로 인해 사람들이 약육강식하는 짐승과 같은 단계에서 벗어날 수 있었다고 하였습니다. 약육강식은 자연 생태계의 기본 질서로서 강한 동물과 약한 동물의 관계에서 사용될 뿐만 아니라 오늘날 국제 관계의 냉혹한 현실을 비유하는 표현으로 사용하기도 합니다.

63 오매불망 寤寐不忘

To be unable to forget while asleep or awake

오매불망은 자나 깨나 잊지 못한다는 뜻입니다. 오매불망은 중국의 고대 시가들을 집대성한 "시경"의 첫머리에 나오는 '관저'라는 시에 등장하는 표현입니다. 이 말은 본래 아름다운 여인을 그리워하여 잠 못 들고 뒤척이는 모습을 묘사한 것인데, 오늘날에는 걱정과 염려하는 마음이 많아 잠을 자지 못하는 것을 비유하는 말로 일상생활 속에서도 널리 쓰이게 되었습니다. 특히 오매불망은 가까운 사람을 잊지 못하는 상태를 나타날 때 사용하며, 소중하게 생각하는 사람이 멀리 떨어져 있어 걱정과 함께 그리운 마음을 나타낼 때에도 사용합니다.

64 우유부단 優柔不斷

To be so soft that one can't make a decision

우유부단은 '망설이기만 하고 결단력이 없다'라는 뜻으로, 너무 주저하며 결정하지 못하는 사람이나 마음 또는 상태를 의미합니다. 중국의 전한 시대의 역사서인 "한서"에서는 우유부단을 황제의 온화한 성품과 결단력 부족을 수식하는 부정적 표현으로 사용하였습니다. 그래서 '우유부단'은 마음이 순하여 맺고 끊는 데가 없다는 뜻으로 사용되었으며, 오늘날에는 결단력이 부족한 상

황이나 그런 사람을 묘사하는 부정적 의미로 자주 쓰이고 있습니다.

65 유유자적 悠悠自適

To live as one pleases, in leisure and relaxation

유유자적은 속박 없이 마음대로 조용히 지낸다는 뜻으로, 현실의 복잡한 문제에 얽매이지 않고 근심 걱정 없이 마음 편히 지내는 모습을 나타냅니다. 여기서 '유유하다'는 움직임이 한가하며 여유가 있고 느리다는 의미이고, '자적하다'는 아무런 속박을 받지 않고 마음껏 즐기는 것을 뜻합니다. 바쁘고 복잡한 일상을 벗어나 자연과 함께 조용하고 평온한 곳에서 머무는 상황이나, 돈이나 명예 등 출세를 중시하지 않고 자신의 소소한 행복에 중점을 두고 사는 모습을 일컬어 말합니다.

66 이심전심 以心傳心

To communicate from heart to heart

이심전심은 마음에서 마음으로 전한다는 뜻으로, 스승과 제자 사이에서 마음으로 '불법'의 가르침을 주고받는다는 뜻의 불교 용어에서 전래되었습니다. 석가모니가 영취산에 모인 많은 사람들에게 꽃을 들어 보였으나, 오직 가섭이라는 제자만이 유일하게 그 뜻을 마음으로 이해하고 미소를 지었다는 이른바 '염화미소'의 일화에서 비롯된 표현입니다. 염화미소(꽃을 들고 미소를 짓다)라는 사자성어도 이심전심과 같은 의미를 가지며 두 성어 모두 문자나 말을 통하지 않고 마음만으로 서로 뜻이 통한 것을 나타냅니다. 특히 부부 사이나 가까운 친구 사이에 서로의 감정과 마음이 유난히 잘 통하거나, 일일이 의논하지 않아도 같은 결정을 내렸을 때도 이 표현을 사용합니다.

67 이열치열 以熱治熱

To use heat to deal with heat

이열치열은 열로 열을 다스린다는 뜻입니다. 무더운 여름에 뜨거운 차를 마시는 것이나 복날에 삼계탕이나 추어탕 등 뜨끈한 탕을 먹는 것은 대표적인 이열치열의 방법입니다. 더운 날씨에 냉방이나 찬 음식을 자꾸 찾는 몸을 보양하여 더위를 극복하게 하는 것이지요. 오늘날 찜질방에

서 땀을 내는 행위는 오랫동안 전해 내려온 한국인의 생활 속 이열치열의 원리를 적용한 것입니다. 한편, 군대의 작전 전술, 회사의 마케팅 전략 등에도 '이열치열'이라는 표현을 사용할 수 있습니다. 경쟁 회사가 출시한 제품에 맞서 우회하지 않고 더 우수한 품질의 제품으로 정면 승부하는 것은 바로 이 원리를 적용한 것입니다.

68 작심삼일 作心三日

A firmly made up mind cannot last 3 days

작심삼일은 단단히 결심한 것이 사흘을 넘기지 못한다는 뜻으로, 결심이 굳지 못해 계획한 일을 끝까지 해내지 못한다는 말입니다. 조선 시대의 역사서 "세종실록"에서 '고려공사삼일 (고려 사람들은 정책을 3일 만에 바꾼다)'이라는 말이 나옵니다. '공사삼일'이라는 말이 시간이 지나면서 개인의 일에도 적용되면서 조선 시대를 거쳐 오늘날 작심삼일로 변했습니다. 흔히 계획한 일을 중간에 그만두거나 혹은 바꾸거나, 지키지 못하는 경우를 표현할 때 작심삼일이 되고 말았다고 합니다. 예를 들면, 다이어트하기, 담배 끊기, 일찍 일어나기, 열심히 운동하기 등 새로운 계획을 세우거나 나쁜 습관을 끊어내는 등 굳은 결심을 하고 나서 짧은 시간 안에 흐지부지 무너질 때 작심삼일이라고 표현합니다.

69 절치부심 切齒腐心

To gnash one's teeth and for one's mind to be troubled

절치부심은 '몹시 분해 이를 갈고 마음을 썩이다'라는 뜻으로, 복수심에 불타는 사람이 밤낮으로 이를 잊지 않고 마음을 다짐하며 때를 엿본다는 의미를 담고 있습니다. 사마천의 "사기"의 '형가열전'에 수록된 '번오기'의 일화에서 유래되었습니다. 번오기는 원래 진나라의 장군으로 진시황에게 부모와 가족이 몰살 당한 후 연나라로 망명해 복수할 기회를 엿보고 있었습니다. 이때 황제에게 접근하기 위해 자기 목이 필요하다는 자객 형가의 말에 '황제를 암살하는 것은 자기가 오랫동안 이를 갈며 마음을 썩이던 것'이었다며 기꺼이 자신의 목을 베었다고 합니다. 이처럼 절치부심은 상대에게 크게 당한 후 매우 분하여 복수하고자 기회를 벼르면서 오랫동안 준비하는 모습을 나타낼 때 쓰는 표현입니다. 오늘날에는 자신이 이루려는 목표에 도달하기 위해 한 치의

흔들림 없이 꾸준히 정진하는 모습을 표현할 때도 사용합니다.

70 조강지처 糟糠之妻

A wife who shared a meal of dregs of liquor and rice bran

조강지처는 '지게미(술을 거르고 남은 찌꺼기)와 쌀겨를 함께 먹어 온 처'라는 뜻으로, 가난하고 힘들었던 시절에 함께 고생했던 아내를 의미합니다. 출세를 하거나 부자가 된 상황과 대비하여 그전까지 그렇지 못했던 상황을 함께한 아내나 여자 친구를 '조강지처'라고 표현할 수 있습니다. 조강지처와 관련된 유래는 여러 견해가 있지만 대표적인 사례 하나를 소개합니다. 중국 남북조 시대 역사서인 "후한서"에는 황제와 그의 신하인 송홍의 문답이 실려 있습니다. 자신의 누이를 유부남인 송홍과 맺어 주기 위해 황제는 그에게 "사람은 환경이 바뀌어 신분이 높아지면 친구를 바꾸고, 부자가 되면 아내를 바꾼다는데 자네는 어찌 생각하는가?"라고 묻자, 그는 망설임 없이 "저는 가난하고 천할 때의 친구는 잊을 수 없고, 조강지처는 내칠 수가 없습니다."라고 대답하였습니다. 오늘날 조강지처는 넓은 의미로 아내를 가리킵니다.

71 천방지축 天方地軸

The direction of the heavens and the axis of the earth

천방지축은 하늘의 방위와 지구가 자전하는 중심축을 뜻하는데, 하늘이 어디에 위치하고 있는지 모르며, 땅의 축을 알지 못하는, 즉 방향을 알 수 없도록 무질서하게 혼란하다는 의미입니다. 이처럼 천방지축은 너무 바빠 혼란스러운 상황이나 그런 상황에서 방향을 잃고 헤매는 사람의 모습을 표현하는 말로, 오늘날에는 철없는 사람이 함부로 날뛰는 모습을 묘사할 때에도 쓰입니다. 예를 들면, 너무 급해서 정신없이 허둥지둥하거나 또는 생각 없이 일을 하며 덤벙대는 사람의 모습을 표현할 때 자주 인용됩니다.

72 천생연분 天生緣分

A relationship decided by the heavens

천생연분은 인연이 미리 하늘에서 정해진다는 뜻으로, 가장 소중하고 깊은 부부의 인연을 의미합니다. 옛날에 과거 시험을 공부하던 청년이 한

여인과 사랑에 빠졌습니다. 그는 시험을 보러 서울로 가야만 했고 여인은 청년이 시험에 합격할 때까지 기다리겠다고 약속하였습니다. 청년과 떨어지게 된 여인은 그리운 마음에 비단에 편지를 써서 연못에 던졌지만 안타깝게도 바로 물고기가 나타나 그 편지를 삼켜 버렸습니다. 서울에서 열심히 공부를 하던 청년은 요리를 하기 위해 물고기 한 마리를 사서 배를 갈랐는데 그 속에 여인이 그에게 보낸 편지가 들어 있었습니다. 후에 여인의 집을 방문해서 집안 사람들에게 그 편지를 보여 주자 그녀의 부모님이 이렇게 말합니다. "미물인 물고기마저 두 사람을 맺어 주려고 하였으니, 자네와 나의 딸은 하늘이 내려 준 인연(천생연분)으로 사람의 힘으로는 어떻게 할 수 없다". 이처럼 천생연분은 사람의 의지와 관계없이 운명적으로 정해져 있는 만남을 나타낼 때 사용합니다. 하늘에서부터 시작된 인연이 현실 세계에서도 끊이지 않고 이루어진 만남을 뜻하는 천생연분은 연인 사이뿐만 아니라 오늘날에는 가까운 친구 사이에서도 쓰입니다.

73 칠전팔기 七顚八起

To fall down seven times and get up eight times

칠전팔기는 일곱 번 넘어져도 여덟 번 일어난다는 뜻으로, 실패와 좌절이 계속되어도 하려던 일을 멈추지 않고 애쓰며 노력함을 묘사할 때 쓰는 표현입니다. 칠전팔기는 중국 송나라 때 전쟁에 패한 군인의 일화에서 유래했습니다. 전쟁에 패한 한 군인이 적군을 피해 동굴에 숨었는데, 거미들이 나타나 입구를 거미줄로 쳐서 막자 이를 걷어 내었습니다. 그가 거미줄을 수차례 걷어 낼 때마다 다시 거미들이 나타나 거미줄을 쳤고, 그러던 중 동굴로 들이닥친 적군들은 이 거미줄로 인해 숨어 있던 군인을 발견할 수 없었습니다. 이처럼 하찮은 미물에 불과한 거미가 몇 번의 실패에도 굴복하지 않고 계속 도전하여 거미줄을 치는 불굴의 모습을 보고 이 군인은 크게 깨달았다고 합니다. 칠전팔기는 어떤 경우에도 절대로 포기하지 않는 강인한 정신력을 강조하는 표현입니다.

74 함흥차사 咸興差使

A government official dispatched to Hamheung

함흥차사는 함흥에 파견된 차사(임시로 특수 임무를 맡아 파견된 관리)라는 뜻으로, 조선 건국 초기 왕위 찬탈 과정에서 유래하였습니다. 조선을 건국한 태조 이성계의 다섯째 아들 이방원이 자신의 형제들을 죽이고 왕위를 차지하자, 이에 분노한 태조는 고향인 함흥으로 가 버렸습니다. 이방원은 태조로부터 자신의 왕위 계승의 정통성을 인정받고 싶었습니다. 그래서 태조를 다시 한양으로 모시기 위해 계속 차사를 파견했지만 왕위 찬탈에 반대한 태조는 차사조차 만나길 거부했을 뿐만 아니라 모두 활로 쏘아 죽이라고 하였습니다. 함흥으로 갔던 차사들이 한양으로 돌아오지 못했던 이야기는 이렇게 구전되고 있습니다. 이처럼 함흥차사는 심부름을 보냈지만 시간이 지나도 돌아오지 않는 사람을 나타냅니다. 오늘날 함흥차사는 회신이 늦거나, 한번 가 버린 사람이 돌아올 기미가 없거나 소식이 전혀 없는 경우에 사용합니다.

75 호시탐탐 虎視眈眈

A tiger stares and glowers

호시탐탐은 '호랑이가 먹잇감을 노린다'라는 뜻으로, 호랑이가 눈을 부릅뜨고 형세를 살피며 먹이를 사냥하기 위해 집중하는 모습을 인간의 행동에 빗댄 표현입니다. 호시탐탐은 유학 경서 중 하나인 "주역"에 나오는 말입니다. 목표를 향해 '호랑이가 마치 먹잇감을 노리며 집중하듯 거침없이 나아가다'라는 의미로 해석합니다. 오늘날 '호시탐탐'은 경쟁 상황에서 타인의 것을 빼앗기 위하여 조심스럽게 사냥에 나선 호랑이처럼 상대의 형세를 주시하는 것을 의미하여, 원하는 것을 얻기 위해, 혹은 남의 것을 취하기 위해 벼르는 모습을 묘사할 때도 사용합니다.

 PART 3 유행어 Slang

76 극혐

Ultra hate / Ultra disgusting

'혐오' 또는 '혐오하다'는 일상생활에서 흔히 사용하는 단어인데 여기에 접두사 '극-'을 앞에 붙여 극혐이라는 신조어가 태어났습니다. 원래 접두사 '극-'은 '극존칭(매우 높은 존칭)', '극빈자(매우 가난한 자)', '극소수(매우 적은 수)'와 같이 특수한 명사 앞에 붙여 '매우 심하다'라는 뜻을 더하는 기능을 하는데, 혐오에 '극-'을 붙여 신조어를 만들어 낸 것입니다. 2014년에 '극도로 혐오하다'를 줄여 '극혐오하다'라는 신조어로 등재된 후 동사로서 사용되다가, 다시 이를 줄여 현재의 '극혐'이라는 표현으로 정착되었습니다. 극혐은 다른 명사들과 결합되어 새로운 의미의 합성어로 사용되고 있습니다 (극혐 패션, 극혐 뉴스, 극혐 말투 등). 만약 인터넷 컨텐츠의 제목에 '극혐 주의'라는 표현이 있다면 이것은 앞으로 펼쳐질 영상이나 뉴스의 내용이 매우 혐오스러운 것이므로 조심하라는 뜻입니다.

77 깜놀

Shocked / Shook

깜놀은 2000년대 초반에 한국의 인기 아이돌이었던 '신화'의 신혜성이 처음 자신이 만들어 사용했다고 한 방송 인터뷰에서 밝혔습니다. 한국에서 유행하는 신조어들은 아이돌이 직접 만들어 사용하여 널리 퍼지기도 합니다. 깜놀은 '깜짝 놀라다'의 줄임말로, 여기서 깜짝은 갑자기 놀라는 모양을 나타내는 말입니다. 생각지도 못한 일이 생겨 순간 긴장과 흥분이 일어나 가슴이 설레는 경우에 사용하는 신조어입니다. 예를 들면, 좋아하는 아이돌의 갑작스러운 은퇴 소식을 들었을 때, 가까운 사람의 결혼 소식이나 예기치 못한 말을 듣는 순간에도 깜놀을 사용할 수 있습니다. 이처럼 깜놀은 즐거운 일이나, 슬픈 소식을 듣거나, 갑자기 당황하게 되는 순간 등에 놀람을 나타내는 표현입니다.

78 꼰대

Kkondae / Boomer

꼰대는 늙은 사람을 뜻하는 속어입니다. 1970년대에 학생들 사이에서 처음으로 선생님이나 아버지에게 사용되기 시작하면서 구세대라는 의미로 확장되었고, 선배나 직장 상사를 가리킬 때도 쓰게 되었습니다. 꼰대는 '자기 주장만 옳다고 관철시키려는 사람', '구태의연한 사고방식에서 벗어나지 못하는 사람'을 비꼬아서 하는 말입니다. 꼰대의 어원에 관해 영남 지방의 사투리 '꼰데기(늙은이)'에서 유래했다는 설도 있고, 프랑스

어로 백작을 지칭하는 말 '꽁트(Comte)'를 일제 강점기 친일파들이 백작 등의 작위를 수여 받으면서 자신들을 자랑스럽게 꼰대라고 일본식 발음으로 부르는 것에서 시작되었다는 설도 있습니다. 2019년 9월 23일 영국의 BBC TV채널인 BBC Two가 '오늘의 단어'로 한국어 발음대로 꼰대(Kkondae)를 소개했습니다. BBC방송에서는 꼰대를 '자신이 옳다고 믿고 다른 사람은 언제나 잘못했다고 생각하는 나이 많은 사람'이라고 설명했습니다. 이를 본 세계의 네티즌은 국적을 불문하고 자신의 주변에서도 이런 꼰대들을 많이 발견한다는 반응을 보였다고 합니다.

79 꽃길만 걷자

Let's only walk on paths of flowers / Everything's coming up roses

꽃이나 꽃길은 축복과 행복을 의미합니다. 한국의 서정시인 김소월의 "진달래꽃"이라는 시에서 떠나 보내는 연인에게 "···그 꽃을 사뿐히 즈려밟고···"라고 표현한 구절은 축복의 미덕이며, 애잔한 정을 묘사하고 있습니다. '꽃길만 걷자'는 이전에도 사용되던 표현이지만 2016년 전 I.O.I 멤버 김세정이 한 오디션 프로그램에서 1위를 한 후 자기 어머니께 남긴 메시지에 이를 인용하면서 급속도로 퍼지게 되었고, 특히 K-Pop 팬들 사이에서 더욱 유행하게 되었습니다. '꽃길만 걷자'는 그동안 겪은 고생을 뒤로하고 좋은 일만 일어나길 바란다는 의미의 비유적 표현입니다. 대중가요의 제목이나 가사에서 '꽃길'이 많이 쓰였습니다. '꽃길만 걷자'는 일반 대중들이 좋아하는 연예인을 응원하기 위해 메시지를 보낼 때 자주 사용되는 말로 확장되었고, 희망을 찾고 미래를 긍정적으로 바라보려는 사람들 사이에서 상대방을 격려해 주는 말로 많이 쓰이고 있습니다.

80 노답

No answer / No solution

노답은 영어 부정 부사 'no'와 한국어 명사 '대답'이 결합하여 만들어진 합성어입니다. 노답은 '답이 없다', 즉 '해결책이 없다'라는 의미입니다. '답이 없다'라는 표현은 예전부터 사용되어 왔습니다. 2010년 말부터 한글과 영어를 합성한 신조어 사용이 청소년들 사이에서 급속하게 확산되었는데, 이는 한국에서 영어가 많이 보급되면서 나타나는 자연스러운 사회 현상으로 볼 수

있습니다. 동시에 스마트폰 사용이 보편화 되고 SNS 등을 이용하는 청소년들이 늘면서 영어와 결합한 신조어들이 많이 만들어졌습니다. 예를 들면, '노답(답이 없다)' 이외에도 '노잼(재미 없다)', '멘붕(멘탈 붕괴)' 등과 같은 한글과 영어가 결합한 유행어가 계속 퍼져 나가고 있습니다. 이와 같은 현상은 긴 문장을 적기 귀찮아하는 성향과 또래 아이들의 유행에 뒤쳐지지 않으려는 심리가 작용된 것으로 보입니다.

81 노잼

No fun / Not funny

노잼은 영어 부정 부사 'no'와 한국어 명사 '재미'를 줄인 말인 '잼'이 결합하여 만들어진 합성어로 '재미없다', '지루함' 등을 의미합니다. 재미없다는 의미를 강조하기 위하여 앞에 '너무', '심하게'의 뜻을 나타내는 접두사 '개–' 또는 강력함, 아주 강함을 나타내는 '핵–'을 앞에 붙여서 '개노잼(심하게 재미 없음)'이나 '핵노잼(극도로 재미 없음)'으로 쓰기도 합니다. 반대 표현으로는 한자 '유(有)'와 재미의 줄인 말인 '잼'을 결합한 '유잼'이 있습니다.

82 눈누난나

Nunu nana

눈누난나는 기분이 나쁠 때 절대로 입 밖으로 나올 수 없는 말입니다. 눈누난나는 7명으로 구성된 걸 그룹 '시그니처'가 2020년 2월 싱글 데뷔 앨범의 타이틀곡으로 사용하였습니다. 같은 해 7월 가수 '제시'가 '눈누난나 NUNU NANA'라는 곡을 발매하며 큰 인기를 끌었습니다. 해당 곡들은 즐거울 때 자신도 모르게 내뱉는 말인 '눈누난나'라는 표현을 모티브로 만들어졌습니다. 눈누난나는 즐거울 때 자신도 모르게 흥얼거리는 '룰루랄라'라는 의미 없는 의성어를 변형시킨 것으로 추정하고 있습니다. 눈누난나는 즐겁게 먹고 마시고 노는 모습을 표현하는 말이기도 합니다. 일상적인 대화에서뿐만 아니라 인터넷상의 댓글이나 노래 가사 혹은 웹툰에서 혼자 즐겁게 시간을 보내고 있다는 것을 표현하거나 다른 사람의 시선을 아랑곳하지 않고 '나는 지금 충분히 즐겁다'는 여유를 부리는 느낌을 표현하기 위해 자주 쓰입니다.

83 라떼는 말이야

A latte is… / Back in my day

'라떼는 말이야'는 '내가 겪은 지난 시절에는 이러 이러했다'는 말을 시작할 때 표현하는 말로, 주로 권위 의식에 사로잡혀 있거나 열등 의식을 숨기려 할 때 나이 든 기성세대들이 자주 쓰는 말버릇 '나 때에는 말이야'를 풍자한 표현입니다. '라떼(latte)'는 커피의 종류에서 따온 말로, '나 때'와 비슷한 한국어 발음에서 유래된 것으로 보기도 합니다. '말이야'는 말을 끝내면서 끝말에 버릇으로 항상 붙이는 "그런데 말이야", "…했는데 말이야" 등처럼 아무 의미 없는 첨사에 불과합니다. '말'은 한국어에서는 사람이 소리내는 말과 동물 이름 말이 같은 발음으로 나타납니다. 이에 착안해서 누리꾼들 사이에 유행어 라떼와 말을 영어로 'Latte is Horse'라고 번역하기도 하고, 라떼 커피 잔과 함께 말 사진을 올려 풍자하기도 하였습니다.

84 멘붕

Mental collapse / Mental breakdown

멘붕은 '정신의, 생각의'라는 의미의 영어 형용사 'mental'과 한국어 명사 '붕괴'가 결합된 합성어입니다. 'mental breakdown'이라는 영어 표현에서 유래되어, 처음에는 '멘탈 붕괴'로 사용되다가 '멘붕'으로 축약되었습니다. 갑자기 찾아온 감당하기 어려운 문제에 직면하거나, 깊은 상처를 받은 경우에 멘붕 상태에 빠졌다고 합니다. 또한 멘붕은 상대방의 공격에 무방비 상태에 놓인 공황 상황일때에도 사용하는 신조어입니다. 멘붕은 온라인 게임 포럼에서 선수들의 컨디션을 논할 때 널리 사용되면서 유행하기 시작했습니다. 이후 그 의미와 사용이 확대되어 오늘날에는 일상생활에서도 흔히 사용됩니다.

85 무야호

Mu-yahoo

무야호는 '눈누난나'처럼 뜻이 없는 의성어로서, 즐겁고 신나는 경우에 외치는 구호입니다. 무야호는 2010년 3월 6일 방영된 TV 예능 프로그램 '무한도전'에 출연한 미국 알래스카에 거주하는 교민 할아버지가 실수로 외친 말입니다. 어색한 분위기를 수습하기 위해 다른 출연자가 '그만큼 신나시는 거지요'라고 할아버지의 외침에 의미를 부여하자, 해당 장면이 말실수였음에도 불구하고 방송은 유쾌한 해프닝으로 마무리되었습니다. 그런데 당시 방영된 장면의 코믹한 상황이 10년이 지난 2020년대에 들어와서 해당 방영분을 합성한 패러디 물로 등장하였습니다. 무야호는 유튜브를 중심으로 재발굴되어 크게 인기를 끌면서 즐겁고 신나는 느낌을 표현하는 의미의 신조어가 되었습니다. 오래 전에 방영된 장면이 이처럼 새롭게 인터넷 밈으로 재현되어 유행시킨 대표적인 사례입니다.

86 소확행
Small but certain happiness

소확행은 '소소하지만 확실한 행복'의 축약어입니다. 이 유행어는 한국에 잘 알려진 일본 작가 무라카미 하루키가 1986년 출판한 수필집 "랑게르한스 섬의 오후, 소확행"에서 처음 사용한 용어입니다. 작가는 수필집의 소확행 편에서 '서랍 안에 반듯하게 정리되어 있는 속옷을 볼 때' 느끼는 작고 확실한 행복을 소확행이라고 표현하여, 특별함보다는 작지만 확실하게 실현될 수 있는 행복을 찾으려 했습니다. 한국에서 이 말은 소비가 우리 삶에 어떻게 영향을 미치는가에 문제를 제기하면서 유행하기 시작했습니다. 과시적 소비 사회에서 만연한 명품 만능주의를 풍자한 소확행은 당시 매우 유행한 신조어입니다. 한국의 소비자 행동을 분석하는 "트렌드 코리아"에서는 소확행을 2018년에 유행하는 단어 중 하나로 꼽기도 하였습니다.

87 솔까
Honestly

솔까는 '솔직히 까놓고 말해서'의 준말인 '솔까말'을 축약한 유행어입니다. 이처럼 2000년대 초반부터 발생한 유행어나 신조어는 모두 인터넷 매체의 기술적 발달과 스마트폰 사용 인구의 폭발적 증가와 깊은 관계가 있습니다. 갑자기 나타나나 빠르게 사라지는 신조어의 유행 주기는 특정 집단이나 특정 세대만의 소통을 위한 '끼리 문화'의 상징이기도 합니다. 그렇기 때문에 솔까와 같은 신조어의 등장은 기성세대에게는 곧바로 비속어로 취급되기도 하였습니다. '사실, 실은'이라는 의미의 솔까는 '마음속에 있는 말을 그대로 하자면'이라는 뜻입니다. 솔까는 솔직한 자신의 의사 표시를 할 때 사용되거나 자기 자신을 자랑할 때도 사용하는 표현입니다.

88 심쿵
Heart boom / Heart pounding

심쿵은 심장이 '쿵쿵한다, 쿵쿵 뛴다' 또는 '쿵쾅쿵쾅 뛴다'는 말의 축약어입니다. 크고 무거운 물건이 바닥에 떨어지는 소리, 멀리서 들려오는 포격 소리 등을 묘사하는 '쿵'은 사람의 감정 표현에도 사용되는데, 심리적으로 충격을 받아 갑자기 가슴이 세게 뛰는 소리나 모양을 '쿵쿵하다'라고 합니다. 여기서 '쿵'은 가슴을 의미하는 심장이 놀라는 소리를 의미합니다. '쿵'에서 유래되어 '쿵'을 강조하는 '쿵쿵' 혹은 '쿵쾅쿵쾅'은 놀라거나, 당황해서 뛰는 심장 소리 또는 사랑하는 연인으로부터 사랑 고백을 들었을 때처럼 행복감에 젖어 자기에게 들리는 심장 소리를 나타내는 의성어입니다. 심쿵은 주로 행복감에 설레는 긍정적인 상황을 표현하는 의미로 쓰였습니다. 멋진 풍경을 보았을 때나, 예쁘고 아름다운 물건이나 매력적인 사람에게 혹은 귀여운 고양이나 개처럼 반려동물에게도 자주 쓰는 말입니다.

89 썸 타다
To feel "Some" / To be in a situationship

썸 타다는 '썸'과 '타다'의 합성어입니다. 정확하게 말할 수 없는 어떤 것을 뜻하는 영어 대명사 something에서 한국어 발음 그대로 '썸'을 사용하고, 감정과 느낌을 받는 일을 나타내는 의미의 한국어 동사 '타다'와 결합한 신조어입니다. '배나 자동차와 같은 운송 수단에 탑승하다'라는 기본적인 뜻 이외에도 '어떤 조건이나 주어진 기회 등을 이용하다'라는 의미도 있습니다. 예를 들어 '봄을 타다'라는 말이 있는데 '봄기운의 영향으로 마음이 안정되지 못하고 들떠 있다'라는 의미입니다. 이처럼 '썸 타다'는 그 알 수 없는 기운에 의해 안절부절 못하면서 가슴 설레는 상태를 나타내는 신조어로, 남녀가 서로 호감을 갖고 알아가는 과정에서 느끼는 알 수 없는 미묘한 감정을 묘사할때 사용합니다. 이런 썸을 타는 관계에 있는 두 남녀를 각각 '썸남', '썸녀'라고 합니다.

90 어그로
Aggro / Provoking / Trolling

온라인 게임의 채팅창이나 인터넷 게시판에서 시작된 신조어 어그로는 영어 aggro에서 그 의미와 발음을 차용한 유행어입니다. 처음에는 주로 인터넷이나 온라인 게임 등에서 관심을 끌기 위해 또는 자기가 원하는 방향으로 의견을 몰아가기 위해 분란을 일으키거나 자극적인 내용의 글을 올려 악의적으로 행동하는 행위를 '어그로'라고 하였고, 이런 행동을 하는 사람을 '어그로꾼'이라고 하였습니다. 여기서 접미사 '-꾼'은 '어떤 행위를 나타내는 명사 뒤에 붙어 그 행위자인 사람'을 나타냅니다(소리꾼, 낚시꾼, 사기꾼 등). 일반적으로 어그로는 도발하거나, 약 올리는 행동 등을 의미하기 때문에 부정적인 뉘앙스의 은어 정도로 다루고 있습니다. '어그로를 끈다'라는 표현도 '부정적인 방향으로 관심을 몰아간다'라는 뜻입니다.

91 열폭

Inferiority explosion

열폭은 열등감과 폭발을 축약하여 '열등감으로 나타나는 감정 폭발'을 의미하는 신조어입니다. 원래 열폭은 타인을 질투하여 나타나는 열등감으로 인해 평범한 자극이나 사소한 일에도 지나치게 흥분하여 폭탄 터지듯 폭발하는 감정 상태를 나타내는 말입니다. 그러나 많은 사람들은 이 말이 '열 받아 폭발했다는 의미'가 아님에도 불구하고 '매우 열이 받아 화가 난 상태를 이르는 의미'로 알고 있습니다. 그 이유로는 대부분의 한국인들이 '열폭'의 '열'을 '열 받다'의 '열'로 생각하기 때문입니다. 한국 사회에서 일어나는 갈등과 이에 따른 격정이나 흥분은 열등감이 원인이 되어 폭발하는 것보다는 열 받아 감정을 폭발하는 사례가 훨씬 더 많기 때문일 것입니다. 더욱이 한국인들은 다른 이와 나를 비교하여 나타나는 사회적 산물인 열등감을 부정적 의미로 파악하고 있기 때문에, 자신은 정상적인 심리 상태를 유지하고 있으며 열등감에 빠져 있다고 생각하지 않는 경우가 많습니다. 이 유행어는 원래의 뜻과 다른 뜻으로 쓰여 사용 빈도를 높이고 있는 점에서 특이한 신조어라고 볼 수 있습니다.

92 인싸

Insider / Social / Popular

사람과 사람의 관계는 모든 사람에게 중대한 관심사가 될 수밖에 없습니다. 인간 관계에서 나타나는 사람들의 다양한 형태는 2000년대 이후에 생성된 신조어의 세상에서도 등장하였습니다. 신조어로, 2008년경에 나타나기 시작하여 2017년부터 한국인들에게 널리 퍼진 것으로 알려져 있습니다. 인싸는 영어 insider를 다소 세게 발음한 '인싸이더'를 줄여 말한 것입니다. 인싸는 적극적으로 모임에 참석하면서 주변 사람들과 잘 어울리는 사람을 의미합니다. 어느 모임에서나 환영 받는 외향적이고 사회성이 뛰어난 사람을 뜻합니다. 인싸는 내부인, 관계자 등을 뜻하는 영어 insider에서 그 어원을 찾을 수 있으나, 그와는 다소 다르게 사용됩니다. 그래서 신조어 인싸는 영어 'hip, social, sociable한 사람'으로 표현해야 더 적절할 것입니다. 인싸의 반대말로는 영어 outsider를 줄인 '아싸'입니다.

93 입덕하다

To become a fan / To get hooked

입덕은 대중문화의 확산으로 팬덤이 사회적, 문화적으로 영향력이 커지면서 팬덤 문화라는 말이 생겨나고, 그 일환으로 등장한 유행어입니다. 1970년대에 일본에서는 광팬, 마니아를 의미하는 '오타쿠'라는 신조어가 등장했는데, 2005년 무렵에 한국에서는 이 '오타쿠'를 한국식 발음 '오덕후'로 바꾸어서 보편적으로 사용하였습니다. 일본에서 한 분야에 빠져 버린 부정적인 사람을 뜻하는 '오타쿠'가 한국의 '오덕후'에서는 좀 더 가벼운 의미로 쓰입니다. '오덕후'를 '덕후' 또는 '(오)덕'으로 사용하게 되면서 '덕에 들어가다'라는 의미의 '입(入)'을 붙여, '입덕', '입덕하다'가 생겨났습니다. 입덕하다는 한 분야나 특정 연예인에게 관심을 갖고 깊이 빠져들기 시작한다는 뜻입니다. 팬이 되게 만든 계기가 영상이라면 '입덕 영상', 입덕을 하게 만든 한 가지 포인트를 설명할 때는 '입덕 포인트'라고 부르는 등 다양한 단어들과 함께 사용되기도 합니다.

94 지못미

Sorry I couldn't protect you

'지켜 주지 못해 미안해'라는 말은 원래 갑작스러운 사고나 재해로 목숨을 잃었을 때 위로와 안타까움을 전하는 인사말이었습니다. 이 구절을 축약하여 만들어진 신조어 지못미는 원래의 뜻이 많이 희석되어 다른 의미로 사용되기 시작하였습니다. 이 말은 2000년대 초에 아이돌의 원조인 HOT의 팬덤들이 만들어 낸 팬픽 제목으로 알려지기 시작하여, 당시 상영된 영화의 대사나 노래 가사에도 등장합니다. 팬덤 문화가 젊은이들 사이에서 두텁게 형성되면서 자신이 좋아하는 스타가 우스꽝스럽게 노출됐을 때마다 지못미를 연발하는 광경을 볼 수 있습니다. 지못미에는 좋아하는 스타들이 아름답고 깔끔한 이미지를 유지하기 바라는 팬들의 마음이 담겨있습니다.

95 쩔다

To be salted / To be awesome /
To be very good or bad

'쩔다'는 동사 '절다'의 비표준어입니다. 2010년대에 젊은이들 사이에 된소리 발음으로 억양을 강조하면서 '절다'를 '쩔다'로 바꾸어 두 가지 의미로 널리 퍼졌습니다. 먼저 '절다'는 김치를 담그기 위해 소금기가 배추에 스며들어 간이 배게 한다는 뜻이 있습니다. 여기서 유래하는 '쩔다'는 어떤 사람에게 탁월한 재주나 빼어난 능력이 몸에 흠뻑 배어 있을 때 그 모습을 소금에 절여진 배추에 빗대어 하는 표현입니다. 그래서 누군가를 매우 칭찬할 때 사용하는 감탄사로 사건이나 사물에게까지 '쩔다'를 확장해서 사용합니다. 또한 '절다'는 몸이 땀이나 기름에 찌든 모습, 사람이 술처럼 독한 것에 영향을 받아 녹초가 된 경우에도 쓰입니다. 이와 같은 '절다'에서 유래된 '쩔다'는 '기대에 맞지 않은, 지루한, 지저분한'의 뜻입니다. 이렇게 '쩔다'에는 긍정과 부정의 두 의미가 내포되어 있어, 누가 '야, 그 옷 쩐대'라고 말하면 그 상대방은 칭찬인지 아니면 놀리는 말인지 혼란스러운 경우를 종종 직면하게 됩니다.

96 최애

Most loved / Bias

원래 '가장 사랑한다'는 의미를 갖는 최애라는 말은 조선 시대 문학 작품에도 등장하고 있으나, 일반 대중들 사이에서는 거의 사용되지 않았습니다. 일본 애니메이션 팬덤 사이에서 쓰이던 '최애캐(최고로 사랑하는 캐릭터의 준말)'라는 용어가 2010년대를 지나면서 한국 아이돌 팬덤계에서도 사용되었습니다. 이 말은 2014년 한국 국립국어원 신어 자료집에 실리기는 했으나, 젊은층에서는 줄임말인 최애가 널리 사용되었습니다. 2015년부터 최애가 예능 프로그램에 등장하면서 확산되었습니다. 또한 걸그룹 '우주소녀'는 '최애'라는 제목의 노래로 큰 호응을 얻기도 했습니다. 최애는 아끼고 사랑하는 사람, 특히 아이돌 같은 연예인이나 축구 선수뿐만 아니라, 어떤 대상이나 물건에도 사용합니다.

97 취향 저격

Preference shot / My style

2000년대에 접어들면서 한국의 젊은 세대들의 취미와 기호가 다양해졌습니다. 자기가 하고 싶은 방향이나 기호에 따라 소비 패턴이 변화되고, 자기의 취향이 곧 자기 정체성을 나타내는 것으로 인식되기에 이르렀습니다. 이런 세태를 잘 반영한 신조어가 바로 취향 저격입니다. 취향 저격은 '취향'과 '저격'의 합성어로 자신의 성향이나 기호에 정확하게 꼭 들어맞는 요소나 사물을 가리킵니다. 2010년대에 유행하기 시작한 이 말은 어떤 사람이나 물건이 자신의 취향에 꼭 맞춘 것처럼 매우 마음에 든다는 뜻으로, 음식, 게임, 영화, 물건, 취미 생활 등 여러 분야에 모두 쓸 수 있습니다. 이처럼 취향 저격은 자신이 좋아하는 스타일의 연예인이나 머릿속으로만 그리던 이상형을 만났을 때에도 사용할 수 있습니다. 2015년에 발매된 '아이콘 iKON'의 음반 수록곡 '취향 저격'의 '너는 내 취향 저격'이라는 가사는 이 신조어의 의미를 잘 나타내고 있습니다.

98 하드 캐리

Hard carry / To carry

하드 캐리는 온라인 게임 용어인 'carry'에서 파생되었다고 합니다. 온라인 게임에서 '캐리'란 게임을 승리로 이끈 중요한 역할 또는 그 역할을 한 사람을 뜻합니다. 캐리 앞에 'hard'가 붙어 '세계' 즉 '월등히 잘하다'라는 뜻이 첨가되어 팀 플레이 게임에서 특히 뛰어난 한 사람이 팀을 승리로 이끌 때 쓰는 단어가 되었습니다. 원래 온라인 게임 이용자들 사이에서 쓰이던 이 용어는 이제 스포츠 경기에서부터 노래 가사, 광고 문구에까지 널리 사용되면서 주춤했던 팀을 성공으로 이끌며 크게 활약한 사람을 지칭할 때 사용합니다. 예를 들어 드라마에서 출중하게 연기를 잘해 드라마의 성공을 이끈 배우를 보도할 때 열렬하게 연기한다는 의미의 '열연'과 함께 쓰여 '○○가 하드 캐리하는 열연을 펼치다', 예능 프로그램에서 많은 웃음을 선사한 경우 '○○의 웃음 하드 캐리' 등의 표현을 씁니다. 또는 활발히 활동하다는 '활약'과 결합하여 '○○의 하드 캐리 활약'으로도 자주 쓰입니다.

99 흑역사

Dark history / Dark past

흑역사는 흑(어둠)과 역사가 결합하여 이루어진 합성어입니다. 흑역사는 직역하면 '어둠의 역사'라는 뜻입니다. '흑(黑)'은 검은 색을 의미합니다. 동양에서 존중과 절제로 상징되는 검은색은 경우에 따라 어두운 의미로 부정적이거나, 불길한 이미지를 상징하기도 합니다. 사람은 누구나 자신의 지난 날들 중에 지우고 싶은 순간들을 가지고 있기 마련인데, 그런 영원히 감추고 싶은 과거의 일을 흑역사라고 합니다. 흑역사는 지난 시절에 일어났던 것을 없었던 것으로 되돌리고 싶을 정도로 좋지 않은 과거의 일을 의미하는 신조어로, 일본에서 유행하던 신조어를 2010년대에 한국의 온라인 커뮤니케이션과 TV 프로그램에서 '떠올리고 싶지 않은 과거'라는 의미로 사용되면서 대중화 되었습니다.

100 1도 모르다

To not know 1 / To know nothing /
To have no idea

'1도 모르다'는 '아무것도 모른다', '하나도 모른다'라는 의미입니다. 한국어에는 수를 세는 두 가지 방법이 있는데, 고유어 계통의 숫자 또는 한자어 계통의 숫자를 사용하는 것입니다. 고유어 계통의 숫자는 '하나, 둘, 셋, 넷, 다섯, … ' 등이며 사람의 나이나 물건의 개수를 말할 때 씁니다. 한자어 계통의 숫자는 '일, 이, 삼, 사, 오, … ' 등이며 번호, 날짜, 금액을 말할 때 사용합니다. '1도 모르다'는 한 인기 예능 프로그램에서 중국계 캐나다 출신 아이돌인 헨리가 실수로 '하나도 모르겠다'의 '하나'를 한자어 숫자인 '1(일)'로 잘못 말하면서 젊은이들 사이에 널리 유행하기 시작했습니다. 원래 '하나도 모르겠다'에서의 '하나'는 '여러 가지로 구분한 것들 가운데 어떤 것'을 가리키는 말인데 하나의 다른 뜻인 '수를 세는 맨 처음 수'로 이해한 헨리가 숫자 1로 바꾸어 썼던 것입니다.

100개 표현 목록 Alphabetical Index of 100 Expressions

MEMO

Joo Nayeon
B.A. in German Language and Literature & Public Relations and Advertising, Soongsil University

Lee Jieun
Master's program of the Interdisciplinary Program in Cognitive Science at the College of Humanities, Yonsei University
B.A. in German Language and Literature, Soongsil University

Lee Jieun
B.A. in German Language and Literature, Soongsil University
Master's program in German as a Foreign Language Education at the College of Education, Seoul National University

Choi Sungyoon
Student in German Language and Literature, Soongsil University

Hannah Schürmann
Master's program in East Asian Studies, Ruhr University Bochum
Recipient of the first Nasun Award for Young Korean Poetry Translators

Alexandra Dickmann
Master's program in East Asian Studies, Ruhr University Bochum
Korean Webtoon and Novel Translator

Maike Orthgiess
Master's program in East Asian Studies, Ruhr University Bochum
Proofreader for the Seon Gwang Korean-German Dictionary, the Korean-German Literary Translation Research Institute

Julia Zachulski
Bachelor's program in Korean and Chinese Studies, Ruhr University Bochum
Korean Webtoon and Novel Translator

Discovering the Origins of the Words in K-Pop ♪♫

1◎◉ Korean Idioms & Slang

Written by Hyun Hee, Nielbock-Yoon Jaewon

Translated by Jamie Lypka

First Published April, 2024

First Printing May, 2024

Publisher Chung Kyudo

Editor Lee Suk-hee, Han Jihee, Lee Hyeon-soo

Cover design Yoon Ji-young

Interior design Yoon Hyun-joo

Illustrated by SOUDAA

Voice Actor Kim Sung-hee, Yu Seon-il, Aaron Mayhugh

🔲다락원 Published by Darakwon Inc.

Darakwon Bldg., 211 Munbal-ro, Paju-si
Gyeonggi-do, 10881 Republic of Korea
Tel : 82-2-736-2031 Fax : 82-2-732-2037
(Marketing Dept. ext.: 250~252 Editorial Dept. ext.: 420~426)

Copyright © 2024, by Hyun hee, Nielbock-Yoon Jaewon

All rights reserved. No part of this publication may be reproduced, stored in a retrieval system, or transmitted in any form or by any means, electronic, mechanical, photocopying or otherwise, without the prior consent of the copyright owner. Refund after purchase is possible only according to the company regulations. Contact the above telephone number for any inquiry. Consumer damages caused by loss, damage etc. can be compensated according to consumer dispute resolution standards announced by the Korea Fair Trade Commission. An incorrectly collated book will be exchanged.

ISBN : 978-89-277-3334-8 13710

http://www.darakwon.co.kr
http://koreanbooks.darakwon.co.kr
Visit the Darakwon homepage to learn about our other publications